육퇴 후,
방구석 문방구
오픈합니다

육퇴 후, 방구석 문방구 오픈합니다

집에서 시작한 엄마표 창업, 진짜 현실 이야기

초 판 1쇄 2025년 06월 27일

지은이 박보람
펴낸이 류종렬

펴낸곳 미다스북스
본부장 임종익
편집장 이다경, 김가영
디자인 임인영, 윤가희
책임진행 안채원, 이예나, 김요섭, 김은진, 이예준

등록 2001년 3월 21일 제2001-000040호
주소 서울시 마포구 양화로 133 서교타워 711호
전화 02) 322-7802~3
팩스 02) 6007-1845
블로그 http://blog.naver.com/midasbooks
전자주소 midasbooks@hanmail.net
페이스북 https://www.facebook.com/midasbooks425
인스타그램 https://www.instagram.com/midasbooks

© 박보람, 미다스북스 2025, *Printed in Korea*.

ISBN 979-11-7355-298-4 03190

값 19,500원

미다스북스는 다음세대에게 필요한 지혜와 교양을 생각합니다.

육퇴 후, 방구석 문방구 오픈합니다

박보람 지음

1장

빵점 주부,
살림 대신 도전은 할 수 있어

2장

집에서 시작한
내 작은 사무실

시작은 작아도
진심은 컸다

어릴 적, 제가 상상하던 30대의 모습은 이랬습니다.

공무원이 되어 안정된 직장에서 일하고, 결혼해 아이를 낳고, 도란도란 평온한 일상을 살아가는 삶을 꿈꾸었습니다.

그런데 막상 30대의 저의 모습은 '5년 넘게 경력 단절된 평범한 전업주부'였습니다. 워킹맘이란 단어가 어색하지 않은 요즘 시대에, 저도 당연히 아이를 키우며 회사에 다닐 줄 알았습니다. 설상가상으로 코로나19 시기까지 겹치면서 평범한 일상조차 흔들렸습니다. 어린아이를 키우는 상황에선 아르바이트라도 할 수 있으면 감지덕지였습니다. 그런 현실 속에서 '창업'은 제게 한 줄기 빛처럼 느껴졌습니다.

스티커를 좋아하는 아이를 위해 만들게 된 작은 스티커 하나.

그 시작이 이렇게 문구 사업으로 이어질 줄은, 그땐 몰랐습니다. 가끔은 지금 이 순간이 꿈인지 생시인지 헷갈릴 때가 있습니다. 완전히 새로운 분야에 도전하려면, 나의 모든 시간과 정말 많은 자본이 필요하다고만 생각했거든요.

이 책은 그런 생각을 깨고, 제 마음속에 있는 작은 용기를 따라 걸어온 저의 기록입니다. 저처럼 '내가 과연 할 수 있을까?' 망설이고 있는 누군가에게, 단단한 응원이 되기를 진심으로 바랍니다.

육퇴 후, 방구석 문방구 오픈합니다

빵점 주부, 살림 대신 도전은 할 수 있어

1

살림은 빵점이지만,
포기는 못 해

자취 한번 해 본 적 없는 내가 해 본 살림이라곤 빨래 개기, 설거지 정도였다. 이것이 결혼과 동시에 나의 흑역사를 만들 줄은 꿈에도 몰랐다. 흑역사는 결혼하고 나서부터 팡팡 터지기 시작했다. 살림이 익숙하지 않았지만, 곧잘 하고 있다고 생각했다. 당시에 나는 8시 출근, 5시에 퇴근하는 직장에 다니고 있었다. 남편보다 일찍 퇴근하다 보니 자연스레 내가 살림을 더 맡게 되었다.

어느 날은 화장실 세면대에 분홍색의 무언가가 생긴 것을 발견했다. 딸기 우유색에 코랄색이 한 방울 섞인 색이었다. 그 색깔이 어찌나 예쁘던지 사진도 찍고, 남편에게 전화를 걸었다.

"오빠! 세면대에 핑크색이 생겼는데 너무 예뻐! 사진 보냈으니까 꼭 봐봐."

"그거 물곰팡이야⋯. 내가 퇴근하고 청소할 테니 놔둬."

이것이 곰팡이란다. 충격이었다. 이렇게 예쁜 색이 곰팡이라고? 내가 알고 있는 곰팡이는 이런 것이 아니었다. 곰팡이라면 무릇 기분 나쁜 녹색 그 어딘가의 색깔이 아니었나? 검색해 보니 슬프게도 그것은 사실이었다. 진짜 곰팡이였다. 습기가 많은 환경에서 주로 자라는 곰팡이라서 화장실에 생기기 쉽다고 한다. 곰팡이를 보고 예쁘다고 좋아했으니 남편은 얼마나 어이가 없었을까.

슬프게도 흑역사는 여기서 끝나지 않았다. 빨래를 매일 돌리는데 옷에 묻은 때가 도통 지워지지 않았다. 세제를 여러 번 바꿨는데도 소용없었다. 처음엔 세탁기 문제인가 싶었다. 그 원인을 알게 된 것은 남편이 세탁기를 돌리려고 한 어느 날이었다. 남편이 세탁 세제를 도저히 못 찾겠다고 아우성을 치는 것이다. 나는 답답한 마음에 "거기에 바로 있잖아!" 하면서 당당하게 섬유 유연제를 내밀었다.

그렇다. 나는 여태 섬유 유연제만 넣고 세탁기를 돌렸던 것이다. 변명하자면, 섬유 유연제에 올인원이라고 쓰여 있길래 세탁 세제의 기능도 같이 있는 줄 알았다. 섬유 유연제에서 '올인원'이라는 것은 정전기 감소, 구김 방지 등의 효과가 있다는 뜻의 올인원이었다. 남편은 여태 섬유 유연제로만 빨래했던 것이냐며 질겁했다.

나 역시도 머리를 한 대 맞은 기분이었다. 벌써 10년 전 일이라 기억이 안 나면 좋겠는데 녹화된 영상을 보고 있는 것처럼 기억이 생생하다. 혹자

육퇴 후, 방구석 문방구 오픈합니다

는 필자의 지능을 의심할지도 모르겠다. 학창 시절이지만 IQ 검사를 할 때마다 130대가 나왔으며, 대학교 4년제를 문제없이 졸업한 사람이라는 것을 밝힌다.

살림은 그렇다 치고, 요리는 잘했냐고 묻는다면 그런 것도 아니었다. 부모님과 살면서 해 본 요리라곤 계란 프라이나 라면을 끓여본 정도였다. 이 것을 요리라고 할 수 있는지 모르겠다. 심지어 어렸을 때, 사촌 언니가 칼에 손가락이 잘린 것을 본 뒤로는 트라우마가 생겼는지 칼질도 제대로 못한다.

다행인 것은 남편이 요리를 기가 막히게 잘한다는 것이다. 서툰 칼질 탓에 재료 손질조차 못 하다 보니, 요리 담당은 자연스레 남편에게 넘어갔다. 믿는 구석이 있어서 그런지 나는 요리와 더더욱 멀어졌다. 요즘은 밀키트가 잘 나와서 얼마나 다행인지 모른다.

'살림은 하다 보면 늘겠지….'라고 생각했지만 전혀 그렇지 않았다. 특히 요리는 도저히 늘지 않아서 반찬 가게의 힘을 빌리기로 했다. 못 하는 것을 붙잡는 것보다 할 수 있는 것에 집중하는 것이 낫다고 생각했다. 결혼한 지 10년 차지만, 나는 여전히 살림엔 빵점 주부이다.

1장　빵점 주부, 살림 대신 도전은 할 수 있어

살림은 젬병, 난 무엇을 잘할까?

살림이 빵점이라고 모든 것이 빵점은 아닐 것이다. 모든 것을 못 하는 사람도 없고, 다 잘하는 사람도 없다. 누구나 잘하는 것이 한두 가지쯤은 있다. 어떤 사람은 강의를 잘하고, 누구는 마케팅을 잘한다. 거창한 것이 아니라 사소한 습관도 큰 강점이 된다. 정리를 잘한다든가, 행동이 빠릿빠릿한 것 또한 나만의 장점이 될 수 있다. 나에겐 어렵지 않은 일이라 대수롭지 않게 생각한 것이 남들에겐 어려운 일일 수 있다.

나의 특기를 잘 살려서 직업으로 연결하면 실패할 확률은 확연히 줄어든다. 살림에 영 재능이 없는 내가 정리수납 전문가를 한다면, 오래가지도 못할뿐더러 실패할 확률도 높을 것이다. 반면에 정리에 타고난 사람이 한다면 이야기는 달라진다. 어질러진 것을 보고 어떻게 정리하면 될지 머릿속에 탁탁 떠오를 것이고, 정리수납 전문가로서 성공할 확률이 높아진다.

어린이집 학부모로 알게 된 K 언니는 학습지 방문 교사였다. 언니는 만날 때마다 학부모와의 문제로 힘들다며 하소연했다. 이 일에 대해 잘 모르는 내가 봐도 K 언니는 학부모와 대면하는 일이 적성에 맞아 보이지 않았다. 학부모와 상담하는 것을 유독 힘들어했기 때문이다. 학습지 교사를 하는 이상, 학부모와의 상담은 불가피했다. 결국 K 언니는 1년도 되지 않아서 그만두었다.

K 언니는 그 이후로 다이어트를 위해 접하게 된 스피닝에 빠졌다. 적성에 맞았는지 스피닝 강사로 취업까지 했다. K 언니는 일터에 가는 발걸음이 매일 즐겁다고 했다. 스피닝 강사로서 하는 일이 학습지 방문 교사보다 체력 소모가 훨씬 많은데도 지쳐 보이기는커녕 활기가 넘쳐 보였다. 학습지 교사 시절의 언니와는 표정부터가 달랐다. 이런 K 언니를 보며 적성과 맞는 일을 하는 것이 매우 중요하다는 것을 배웠다. 이것이 일할 때 지치더라도 버티는 힘이 되어준다는 것을 말이다. 그렇기에 내가 잘하는 것, 즉 '나만의 강점'은 무엇인지 고찰해 보는 것이 중요하다. 내 인생의 기운이 어떻게 바뀔지 모를 일이기 때문이다.

K 언니를 보며 내가 잘하는 것은 무엇인지 생각해 봤다. 집에서 살림과 육아만 하던 나에겐 눈앞이 깜깜한 질문이었다. 하지만 나에게도 분명히 강점이 있다고 믿었다. '난 아무것도 할 줄 아는 게 없어.'라는 마음에서 출발한다면, 나의 재능은 미궁 속에 빠질 것이다.

사람은 관심 있고 좋아하는 것이 잘하는 분야일 확률이 높다. 관심이 있으면 나도 모르게 주의 깊게 관찰하고 파고들게 된다. 좋아서 저절로 하는 행동이라 인지를 못 할 뿐이다. 운이 좋으면, 주변에서 나의 재능을 먼저 발견하고 말해줄 수도 있다.

내가 무엇을 좋아하는지부터 찾아보자

어릴 때부터 나는 연습장에 만화를 그리는 것을 좋아했다. 만화책을 좋아해서 만화책방을 날마다 들락거렸다. 하도 만화를 그려대니, 부모님은 내가 커서 만화가가 되리라 생각하실 정도였다. 중학생 때는 사생대회나 과학 탐구 보고서를 만화로 표현한 과제로 매년 상을 받기도 했다. 고등학생 때는 미술 선생님이 잘 그린 예시로 칠판에 전시하셨는데 내 그림이 자주 걸렸다. 미술 학원에 한 번도 다닌 적 없는 내가, 학원에 다니는 아이들의 그림과 나란히 걸리면 그 기분은 이루 말할 수 없이 기뻤다.

내가 그림 그리는 것을 즐기기에 누구나 좋아하는 줄 알았지만 아니었다. 주변 친구들만 봐도 그림에 무관심한 경우가 더 많았다. 남편은 그림을 그리라고 하면 뭘 그려야 할지 몰라서 오히려 스트레스를 받는다고 한다. 그림을 그리는 것이 스트레스라니 놀라웠다. 남편은 오히려 그림 그리는 것을 좋아하는 내가 신기하다고 한다.

생각해 보면 나는 그림 그리는 것을 즐기고 오래 앉아 있는 것을 잘했다. 엉덩이가 무거운 것이 나의 특기일지도 모른다는 생각이 들었다. 나의 강점을 살려서 내가 할 수 있는 직업을 찾기 시작했다.

칭찬이 낯간지러워서 흘려들었던 나의 특기는 무엇인지 곰곰이 떠올려 보자. 아무리 생각해 봐도 나의 강점을 모르겠다면, 특기 적성 검사를 해

육퇴 후, 방구석 문방구 오픈합니다

보는 것도 좋다. '고용 24 워크넷' 사이트에서는 직업 심리 검사를 무료로 제공하고 있다. 이뿐만 아니라 '커리어넷'에서도 직업 가치관 검사를 할 수 있다. 이런 검사를 통해 내가 몰랐던 면모를 찾는 시간을 꼭 가져보길 바란다. 누가 알겠는가. 살림은 빵점이라도 어떤 것은 100점일지 말이다.

방구석 창업, 이런 게 필요해요

내가 잘 하는 것 찾는 법

□ 과거에 뿌듯했던 일들을 리스트업 해보자.
□ 어떤 활동을 할 때 즐거웠는지 하나씩 뻗어나가면서 기록해 보자. (마인드맵 활용)
□ 특기 적성 검사 할 수 있는 곳을 활용하자. (고용 24 워크넷, 커리어넷 사이트)
□ 인생에서 중요하다고 생각하는 것을 탐색하는 것도 도움이 된다.

1장 빵점 주부, 살림 대신 도전은 할 수 있어

내 인생에
사업이란 없었지만

부모님은 지갑을 만들고 백화점에 납품하는 사업을 하신다. 덕분에 나는 어릴 때부터 지갑만큼은 풍족하게 있었다. 학생이 백화점 브랜드인 지갑을 들고 다니고 자주 바뀌니, 모르는 사람들은 나를 부잣집 딸내미로 알았을지도 모르겠다. 주변 친구들을 봤을 때 지갑을 만드시는 부모님은 단 한 명도 없었다. 우리 부모님이 특별한 직업을 가지신 것 같아서 뿌듯했지만, 안 좋은 점이 더 많았다.

우선, 백화점에 납품하는 지갑을 만드는 거라 불량기준이 상당히 까다로웠다. 실밥이 하나라도 잘못되면 바로 불량 처리가 되었다. 불량이라고 분류된 지갑들이 다시 작업실로 되돌아오면 부모님은 많이 좌절하셨다. 보통 다음 달에 정산이 되었는데, 불량 건을 제외한 금액이 들어왔다. 정산 기일을 차일피일 미루는 업체가 있기도 하였다. 그럴 때마다 엄마는 계산기를 두드리며 한숨을 쉬셨다.

육퇴 후, 방구석 문방구 오픈합니다

부모님은 비수기가 아닌 이상 주말도, 공휴일도 밤늦게까지 일을 하셨다. 쉬는 날도 없이 바쁘게 일해야만 하는 것, 일이 없으면 자금이 없어서 힘든 것. 어린 내 눈에 비친 '사업'이란 이런 것이었다. 사업을 30년 넘게 유지하는 부모님이 존경스러우면서도 나는 절대 하고 싶지 않은 일이 되었다.

이런 불안정한 생활에 영향이 있었는지 나의 고등학생 때 꿈은 '공무원'이었다. 우리나라에서 최고로 안정적인 직업은 공무원만 한 게 없었다. 이런 이유로 대학교의 과를 정할 때도 1순위 지망은 행정학과였다. 고등학교를 졸업하자마자 공무원 시험을 준비할 생각이어서 다른 과는 생각하지도 않았다.

사업을 꺼리는 것은 나 자신만이 아니었다. 내 미래의 배우자를 정할 때도 사업을 한다면 배우자감으로는 무조건 탈락이었다. 나에겐 돈이 적더라도 안정적인 회사원이 최고였다. 그만큼 나에겐 '사업'이란 최대한 피하고 싶은 두려움의 대상이었다.

일하기 위한 고군분투

아이가 어린이집에 적응하고, 심적인 여유가 생기기 시작하면서 격하게 일이 하고 싶어졌다. 육아만 하며 집에만 있기엔 30대인 내 젊음, 내 체력이 아까웠다. 70대이신 시부모님도 일을 하고 계시는데, 새파랗게 젊은 나

1장 빵점 주부, 살림 대신 도전은 할 수 있어

는 뭐 하고 있냐는 생각이 들었다. 단돈 10만 원이라도 내 힘으로 고정적으로 벌고 싶었다. 아이가 어린이집에 있는 시간에 할 수 있는 일들을 찾기 시작했지만, 일을 구하는 건 역시 쉽지 않았다. 양가 부모님 모두 일하셨기 때문에 아이를 맡길 수 없어서 9시 출근에 6시 퇴근하는 회사는 엄두도 못 냈다.

아이의 하원 시간을 고려하면 적어도 3시에 퇴근하는 일을 구해야 했다. 아르바이트 구직 활동에 뛰어들어 보니, 10시~3시 사이는 엄마들 사이에 황금시간이라고 할 만큼 인기가 많은 시간대였다. 아르바이트 구직 공고를 보면 보통 주말까지 일해야 하거나, 밤늦은 시간까지 하는 경우가 대부분이기 때문이다. 이 황금시간대의 아르바이트 공고가 별로 없기도 했지만, 어쩌다 공고가 뜨더라도 치열한 경쟁에 금방 마감되었다.

이렇게 일하고 싶어 하는 엄마들이 많다는 것을 엄마가 되고 나서야 알았다. 다들 안 하고 싶어서 안 하는 게 아니라, 일할 여건이 안 돼서 못 하는 것이었다. 무엇보다 아르바이트조차 경력자를 선호했다. 그 당시 나의 이력서는 영업지원팀에서 경리, 회계 업무만 하다가 5년 넘게 경력 단절이 된 아줌마였다. 나는 이력서부터 탈락이었다.

설상가상으로 코로나19도 터졌다. 뉴스에는 코로나19로 인한 사망자 소식이 실시간으로 집계되었고, 마스크조차 구하기 힘든 시기가 계속되었다.

육퇴 후, 방구석 문방구 오픈합니다

코로나19에 전염될까 봐 지인을 만나기는커녕, 마트에 가는 것조차 긴장감에 휩싸였다. 어린이집에서는 가정 보육을 해달라는 권고문이 매일 날아왔다. 어린이집에 못 보내는 날이 많아지면서 아르바이트 구직도 점점 멀어졌다.

그러다 남편 지인이 6개월 동안 엑셀 업무를 하는 인력을 뽑는다는 소식이 들렸다. 예전에 하던 업무가 주로 엑셀 작업이었기에 자신 있었다. 마침 코로나19로 인해 재택근무로 전환되어서, 육아와 병행할 수 있었다. 아침 9시부터 오후 6시까지 하는 일이지만, 가정 보육을 하면서 일을 할 수 있다니 정말 기뻤다. 5년 넘게 경력 단절되었다가 일하려니 설레는 마음이 앞섰다. 이미 내 마음은 멋진 커리어 우먼이었다.

이러한 재택근무가 한 줄기 빛이 될 것이라는 기대가 처참히 무너진 건 그리 오래 걸리지 않았다. 재택근무를 막상 해 보니 육아와 병행하는 건 쉽지 않았다. 직원들과 메신저로 계속 소통해야 했고, 화장실도 겨우 갈 수 있을 정도로 업무량이 상당했다. 재택근무라 여유롭게 아이도 돌보면서 일할 수 있을 거란 생각은 나의 큰 착각이었다.

아이가 방치되는 시간이 길어지자, 아이를 돌봐줄 사람을 구하고 내 월급에서 아르바이트 비용을 지급했다. 밥 차려 먹을 정신도 없어서 매 끼니를 배달 음식으로 때우니 남는 돈이 별로 없었다. 내 상황에서 최선이라고 생각했던 재택근무가 해결책이 아니었다니, 좌절을 넘어서 우울하기까지 했다.

1장 빵점 주부, 살림 대신 도전은 할 수 있어

이제 남은 건, 사업뿐

아무것도 안 하기는 싫었다. 내 입맛대로 원하는 시간에 일하고 아이도 돌보려면 정답은 단 하나였다. 내가 '사장님'이 되는 것이다. 이것을 머리로는 알면서도 사업에 대한 거부감이 강했던지라 바로 도전할 생각은 못 했다. 사업에 대해 부정적인 나에겐, 그 누구보다 큰 결심이 필요했다. 내가 사업을 한다는 것은 상상조차 못 한 일이었기에 유튜브로 창업과 관련된 영상을 보면서 대리만족을 했을 뿐이었다. 그렇게 시간만 흘러갔고 코로나 19가 유행하는 와중에도 사람들은 점점 일상을 되찾아갔다.

나 역시도 그랬다. 천정부지로 치솟는 아파트 가격에 서울에서 경기도로 이사 왔다. 그러면서 마침 대학교 동창 A를 오랜만에 만나게 된다. A는 내 친구 중에서 두 번째로 일찍 결혼한 친구였다. 출산하기 전엔 어린이집 선생님이었던 그녀는 아이 두 명을 육아하느라 경력이 단절된 상황이었다. 서로의 근황을 묻다가 A가 블로그로 매달 200만 원 이상을 번다는 것을 알게 되었다. 블로그로 돈을 벌었다는 광고를 보면, 사기나 허위 광고라고 생각했는데 그게 진짜였다니 눈이 댕그래졌다.

물론, 이렇게 되기까지는 결코 쉽지 않아 보였다. 수익이 발생하기까지 무려 4년이라는 시간이 걸렸다니 말이다. A는 블로그에 두세 개의 글을 매일 썼다고 한다. 이는 굳이 해 보지 않아도 아무나 할 수 있는 게 아니란 것을 직감했다. 더군다나 수입이 없는데 몇 년을 꾸준히 한다는 것은 정말 쉽지 않은 일이다. 나 같으면 진작 포기했을 일이었다. A는 아이를 맡길 수 없는 상황이었고, 아이들을 돌보면서 집에서 할 수 있는 일이 이것밖에 없어서 시작했다고 한다.

코로나19가 잠잠해지면서 사람들을 만나며 주변을 둘러보니 창업하는 경우가 제법 있었다. 와플 전문점을 창업한 언니, 공부방을 차린 친구, 미용을 배워서 네일샵을 차린 친구도 있었다. 모두 경력 단절이 된 상황에다 아이까지 돌봐야 하는 경우였다. 가족에게 아이를 맡길 수 있는 경우에는 대부분 회사에 다녔다.

가까운 사람들이 사업을 하는 것을 보니 사업에 대한 경계심이 나도 모르게 허물어져 가고 있었다. 부모님이 힘들게 일하는 모습만 보고, 사업은 못 할 짓이라고 단정 지은 건 아닌가라는 생각이 들었다. 사업이 힘들기만 했다면 부모님이 30년 넘게 하셨을까? 더군다나 나는 남편이 주된 수입원이기 때문에 설사 망하더라도 부담감이 훨씬 적었다. '한 달에 10만 원만 벌어도 괜찮지 않을까.' 생각하니 마음이 한결 편해졌다.

사업을 해야겠다는 생각이 든 이유는 또 있었다. 경기도로 이사 오면서 부담스러운 대출을 받았다. 원금과 이자를 합쳐서 다달이 130만 원이라는 고정 지출이 생겨 버린 것이다. 이것은 순수 집에 대한 고정금이었다. 관리

1장 빵점 주부, 살림 대신 도전은 할 수 있어

비, 공과금 같은 지출까지 합치면 고정비만 200만 원이 훌쩍 넘었다. 남편의 월급이 조금 오르긴 했지만 이것으로는 모자랐다.

월급쟁이 월급이 올라봤자 얼마나 오르겠는가. 100만 원이 넘는 고정비는 무슨 일이라도 해야겠다고 다짐하기에 충분했다. 어차피 아무 일도 안 하면 내 수입은 영원히 0원이다. 내 젊음을 이대로 흘러가게만 놔둔다면 오히려 마이너스일지도 모른다. 무슨 용기인지 '설마 만 원이라도 못 벌겠어?'라는 생각이 들었다.

문제는 남편의 허락이었다. 무슨 일을 배우든지 투자금이 필요했다. 안 그래도 대출금이 부담스러운 상황인지라 남편이 반대할까 봐 걱정되었다. 아이를 재우고 떨리는 마음으로 남편에게 창업 계획을 던졌다. 내 진심이 통했는지, 남편은 예상보다 더 적극적인 지지를 해주었다. 대신 남편은 조건을 붙였다.

그 조건은 우리 아이가 초등학교 6학년이 될 때까지 수입이 없다면 사업을 접는 것이었다. 아이가 중학생이 되면 사교육비와 용돈 등 기타 비용이 늘어날 것을 우려한 것이었다. 사업을 구상할 당시 아이의 나이는 다섯 살이었다. 나에게 8년이라는 시간이 주어진 것이다. 내 인생에 사업이란 없었지만, 결국 사장님이 되기로 했다.

육퇴 후, 방구석 문방구 오픈합니다

3

아이의 놀이에서 찾은
사업 아이템

아이가 네 살쯤 되니 스티커에 관심이 커졌다. 네 살짜리 아이는 스티커를 쓰는 데 거침이 없다. 벽이고 바닥이고, 자기 몸까지 스티커를 붙여댔다. 여러 번 뗐다 붙였다 할 수 있는 스티커는 그나마 돈이 덜 아까웠다.

무식하면 용감하다고 했던가. 아이가 스티커를 막 쓰니, 이 정도면 내가 만드는 게 싸게 먹히겠다 싶었다. 소량으로 제작하면 단가가 올라간다는 것을 전혀 모르고 한 생각이었다. 아이가 스티커를 워낙 좋아하니 제작해보자 한 일이 훗날 문구 창업까지 갈 줄은 몰랐다.

문구 창업가들은 대부분 다이어리를 꾸미는 아이템을 제작하는 데 집중한다. 주로 스티커나 마스킹 테이프 같은 것들이다. 나 역시도 스티커부터 제작했지만 방향은 달랐다. 사업 아이디어의 시작이 스티커 놀이에서 출발해서 그런지, 자연스레 아이를 중심으로 상품을 만들게 됐다.

25

아이와 함께 만든 라미웨이 캐릭터

스티커를 만드는 과정에서 욕심은 점점 커졌다. 이왕 스티커 만드는 거 캐릭터를 아이와 함께 만들어보기로 했다. 캐릭터 만드는 것을 하나의 놀이처럼 아이의 의견을 덧붙여갔다. 아이가 한참 토끼를 좋아할 때여서 토끼 캐릭터를 우선 만들기로 했다. 내 별명과 비슷하게 '라밍이'로 이름 짓고, 볼살이 많은 나와 아이의 특징을 넣었다. 캐릭터가 하나만 있으니 뭔가 아쉬웠다. 그래서 또 만들기로 했다. 키우고 싶지만 여건상 키울 수 없는 고양이로 캐릭터를 만들기로 했다.

고양이 캐릭터는 워낙 많아서 독특한 특징으로 차별성을 둬야겠다고 생각했다. 만두를 좋아하는 나의 취향을 고양이 캐릭터에 접목시키기로 했다. 만두만 먹다가 얼굴이 만두 모양으로 변한 고양이를 콘셉트로 잡았다. 이름도 찐만두에서 따와서 '찌만이'로 지었다. 이렇게 라미웨이의 대표 캐릭터인 '라밍이'와 '찌만이'가 탄생했다.

캐릭터를 만들었으니 본격적으로 스티커를 만들기로 했다. 스티커 콘셉트를 무엇으로 할지 아이와 함께 고민했다. 그날 비가 와서 그랬는지 아이는 구름 스티커를 만들면 좋겠다고 했다. 비 오는 날을 주제로 잡고 아이디어를 뻗어 나갔다.

육퇴 후, 방구석 문방구 오픈합니다

라미웨이 캐릭터 '찌만이와 라밍이'

비가 오면 무엇이 떠오르는지 아이와 서로 이야기했다. 장화, 우산, 무지개, 구름 등이 나왔다. 내가 밑그림을 그리면 아이는 옆에서 원하는 색이나 표정을 말했다. 그렇게 '비 오는 날'이라는 라미웨이의 첫 스티커 도안이 완성됐다.

아이와 함께 만든 '비 오는 날'과 '유니콘 나라' 스티커

1장   빵점 주부, 살림 대신 도전은 할 수 있어

막상 스티커를 소량으로 제작하려니 단가가 제법 있었다. 스티커를 포장하려면 스티커 말고도 뒷대지, OPP 비닐이 필요했다. '뒷대지'는 스티커가 휘는 것을 방지하는 용도로 넣는 빳빳한 종이를 말한다. 보통 명함을 만드는 재질로 제작한다. 뒷대지를 제작하는 것도 소량일수록 단가가 올라갔다. 소량 제작을 하다 보니 스티커 한 장을 만드는 데 2,000원이 넘어갔다. 다이소에서 파는 스티커는 천 원에 여러 장이 들어 있으니 단가 싸움에서 비교가 되지 않았다. 그래도 세상에 하나뿐인 스티커를 아이와 함께 만드니 신기하고 그 어떠한 것보다 뜻깊었다.

그래서인지 다른 아이템도 만들어보고 싶은 생각이 들었다. 아이는 그 당시 공주 드레스를 입고 왕관을 쓰고 다니는 일명 '공주병'의 시기였다. 외모에 부쩍 신경을 쓰는 탓에 거울 앞에 있는 일이 많았다. 공주님 놀이에 빠진 아이를 보고 손거울을 제작해 보면 좋겠다는 아이디어가 떠올랐다. 손거울 제작 업체라고 검색한 뒤, 단가가 맞는 업체부터 물색했다. 손거울은 스티커를 제작할 때와는 달리, 칼 선 작업을 하지 않아도 돼서 디자인만 신경 쓰면 되었다.

아이가 가지고 다닐 것이기에 안전한지도 꼼꼼히 따져봤다. 거울이 바깥에 있는 것보다 안쪽에 있는 것이 안전하다고 판단했다. 업체를 찾는 도중에 양면 손거울을 제작할 수 있는 곳을 발견했다. 한 면에는 확대경이고,

육퇴 후, 방구석 문방구 오픈합니다

다른 면은 일반 거울이었다. 거울이 두 개나 있고 확대경이 있는 점이 마음에 들었다. 라밍이와 찌만이로 손거울 도안을 만들고 색상과 크기, 재질 등을 실물로 보기 위해 디자인 당 하나씩 발주해 보았다.

이것이 샘플인 셈이었다. 주문한 거울을 실제로 받아보니, 색감이 생각보다 어두웠다. 색상을 밝게 조정하고 추가 발주를 하였다. 수정하고 발주한 손거울은 성공적이었다. 이렇게 또 하나의 굿즈가 탄생했다.

거울을 좋아하는 아이를 위해 제작한 양면 손거울

아이의 반응이 좋은 아이템은 또래 아이들의 반응도 확실히 좋았다. 그

1장 빵점 주부, 살림 대신 도전은 할 수 있어

래서 디자인을 할 때 아이의 취향을 많이 반영했다. 아이의 관심사 중에서 내가 제작할 수 있는 것은 무엇인지 생각해 보면 아이템을 구상하는 데 많은 도움이 됐다. 아이가 워터파크에 푹 빠져있을 당시에는 물놀이에 필요한 용품 중에서 아이템을 구상했다. 그렇게 비치 타월까지 제작하게 됐다. 육아는 사업 아이템의 아이디어 창구가 되어주었다.

워터파크를 좋아하는 아이를 위한 비치 타월

육퇴 후, 방구석 문방구 오픈합니다

캐릭터 쉽게 만드는 방법

☐ 사람, 동물 혹은 사물, 음식으로도 캐릭터를 만들 수 있다.

☐ 캐릭터의 성격을 같이 구상하면, 구체적인 윤곽을 잡는 데 도움이 된다.

　(ex. 만두를 좋아함 ➡ 만두만 먹는 고양이 ➡ 얼굴형이 만두 모양인 고양이로 변형)

☐ 사진을 참고하여 그려보기

　– 그림 어플 활용: 원하는 이미지를 불러와서 불투명도를 흐리게 조절 > 그 위에 그리기

　– 손 그림: 트레이싱지나 기름종이를 이용하여 참고할 사진 위에 그리기

　– 눈, 코, 입이나 얼굴형을 여러 가지로 변형하기 (선 굵기나 표정을 어떻게 하느냐에

　　따라 이미지가 확 달라진다.)

한국 저작권 위원회에 캐릭터 등록하기

☐ 저작권 등록이 필수는 아니지만, 만약을 대비하여 등록하는 것을 추천한다. 특히 상

　업적인 활동을 한다면 필수로 하는 것이 좋다. 저작권을 등록하는 비용은 캐릭터 하

　나당 2만 원 대의 비용이 든다.

☐ 한국 저작권 위원회 사이트(copyright. or. kr/main. do)에서 ‘저작권 등록 > 일반 저

　작물 등록 > 미술저작물 > 응용미술 > 캐릭터’ 메뉴를 통해 등록하면 된다.

1장　빵점 주부, 살림 대신 도전은 할 수 있어

Ⅱ

엄마의 DNA에는
창업가 정신이 있다

강력한 '엄마 DNA'가 생기다

"엄마는 강하다."라는 말은 한 번쯤 들어봤을 것이다. 엄마가 되어보니, 엄마는 정말 강해질 수밖에 없는 존재였다. 엄마들은 험난한 출산과 육아를 겪으면서 단단해지는 경우가 많은 듯하다. 여태 겪어보지 못했던 극한 희로애락을 다 겪으니 말이다.

나의 첫 번째 임신은 8주 차에 유산되고 말았다. 남편과 연애를 오래 했기 때문에 신혼의 환상이 없었던 나는 아이를 빨리 갖고 싶었다. 피임을 안 하면 바로 임신이 될 줄 알았는데 1년 가까이 임신이 되지 않았다. 이번 달에도 임신이 안 되면 난임 병원에 가보자 하는 찰나에 임신이 된 것이다. 입덧을 일찍 하는 바람에 임신 사실을 빨리 알아챘다. 병원에 가보니, 아기집이 이제 막 생겼다고 했다.

육퇴 후, 방구석 문방구 오픈합니다

문제는 그다음 주였다. 아이의 심장 소리가 들렸지만 희미하고 약했다. 약해진 심장 소리는 머지않아 멈추고 말았다. 그렇게 임신 8주에 첫 아이는 떠났다. 8주 차의 태아는 사람의 형태가 만들어지기도 전이다. 그저 하나의 동그란 세포 같았는데도 상실감은 이루 말할 수 없었다. 지금까지 겪어보지 못한 슬픔에 빠졌다. 나와 남편은 밥을 먹다가도 울고, 눈만 마주쳐도 울었다. 남편이 나보다 더 우는 바람에 내가 정신을 차려야 했다. 슬퍼서 입맛이 없다고 밥을 거를 수도 없었다. 다음 임신을 위해 한약을 먹고 몸에 좋은 음식, 영양제도 살뜰히 챙겨 먹었다.

이런 노력 덕분인지 아이를 유산하고 두 달 만에 임신이 되었다. 이번에 찾아온 아이는 건강했지만 내 입덧이 문제였다. 안 먹어도 속이 울렁거리고, 먹으면 먹는 대로 토해냈다. 물만 마셔도 토하는 바람에 숭늉으로 겨우 하루하루를 버텼다. 임신하면 몸무게가 늘어야 하는데 오히려 5kg이 빠졌다. 이 상태가 지속되면 아이를 지워야 할 수도 있다고 의사 선생님은 말씀하셨다. 이때 정신이 번쩍 들었다. 토하더라도 일단 먹었다. 유산기가 있어서 병원에 며칠 동안 입원도 했다. 힘들지만 아이를 어떻게든 지키고 싶은 마음만 가득했다.

힘든 건 임신과 출산이 끝이 아니었다. 신생아 때는 잠도 못 자고, 밥도 제때 먹지 못하면서 아이를 돌봐야 했다. 육아를 한다는 것은 나도 같이 성

1장 빵점 주부, 살림 대신 도전은 할 수 있어

장하는 과정이었다. 육아는 힘들지만 여태 느끼지 못했던 행복감을 안겨주기도 했다. 육아하면서 엄마의 DNA는 나도 모르게 강력해지고 있었다. 임신과 출산이라는 큰 산을 넘어서인지 세상에 두려운 것이 없었다. 아가씨 때는 심각했던 일이 이젠 별것 아닌 것처럼 느껴졌다. 이렇게 큰일을 겪었는데 뭐든 못 하겠냐는 용기도 생겼다. 여지껏 겪었던 문제들은 귀엽게 느껴질 정도였다.

엄마의 창업가 정신

이러한 용기는 내가 창업을 하는 데 큰 발판이 되었다. **'용기'야말로 창업가 정신의 핵심 요소이다.** 아이를 돌보느라 사회와 단절된 엄마들은 위축되어 있어서, 도전하고 싶어도 용기가 없어서 무산되는 경우가 많다. 도전에 대한 두려움만 넘어선다면, 우리에게는 강력한 힘이 있다. 임신과 출산이라는 큰 산을 넘었기에 뭐든 할 수 있다.

엄마인 동시에 창업가인 경우에는 '자식을 위해서'라는 목적의식 또한 뚜렷하다. 아이에게 좋은 것을 사주고 싶고, 먹이고 싶은 엄마의 마음은 누구나 같을 것이다. 아이에게 필요한 것을 연구하다가 창업으로 이어지는 사례도 있다.

그 사례로 세계적인 브랜드 '범킨스'의 이야기를 예로 들 수 있다. 국민

육퇴 후, 방구석 문방구 오픈합니다

아이템이라 불릴 정도로 범킨스는 우리나라에서도 많은 사랑을 받는 브랜드이다. 브랜드의 창시자인 잭키 리버만은 네 명의 아이를 둔 엄마였다. 그녀는 일회용 기저귀의 소재가 아이에게 유해하다고 느꼈다. 이를 해결하기 위해 그녀는 차고를 작업장으로 만들고, 기저귀를 연구하기 시작했다. 기저귀의 소재를 100% 면으로 만들어서, 부드럽고 흡수성이 뛰어난 특수한 방수 원단을 개발했다. 아이의 피부를 보호하기 위함이었다. 이 기저귀는 환경 오염을 줄이는 데에도 효과적이었다. 이뿐만 아니라 잭키의 아이들이 자라면서 필요한 턱받이까지 환경친화적인 소재로 만들기도 하였다. 이는 범킨스의 대박 아이템이 되었다.

할리우드 스타로 유명한 제시카 알바의 '어니스트 컴퍼니'도 마찬가지다. 제시카 알바는 육아를 하면서 아이에게 안전한 유아용품을 찾기 어렵단 사실에 충격을 받았다고 한다. 이것은 그녀의 사업 아이템에 큰 영감을 주었다. 그녀의 아이뿐만 아니라 이런 문제를 겪는 부모들을 위해 안전한 제품을 만들기로 한다. 자신의 경험과 고객들의 요구 사항을 토대로 아기에게 안전한 성분의 기저귀, 물티슈, 보디 워시 등을 개발했다.

세탁 세제도 비독성 성분으로 제작하여 아이 옷을 세탁할 때 안심할 수 있는 제품을 출시했다. 우리 아이에게 안전한 제품을 쓰고 싶은 것은 모든 엄마의 마음일 것이다. 그래서 그런지 어니스트 컴퍼니는 대박이 났고, 브랜드 가치가 1조를 훌쩍 넘기도 했다. 제시카 알바는 새 인생을 위해 현재

CCO(최고 크리에이티브 책임자, Chief Creative Officer) 자리는 떠났지만, 엄마 창업가로서 좋은 롤 모델의 역할을 해주었다.

　나의 사업은 그녀들에 비해 작디작지만, '아이를 위해서'라는 것이 공통점이다. 이것이 엄마 DNA의 강력한 힘이다. 아무리 크게 성장한 사업이라도 탄탄대로만 걷는 사업은 없다. 더군다나 아이도 돌봐야 하는 현실 속에서 엄마의 역할과 사업을 동시에 한다는 것은 결코 쉬운 일이 아니다. 실제로 제시카 알바는 인터뷰에서 사업에 대한 스트레스를 털어놓기도 했다. 그런데도 오랫동안 지속할 수 있었던 이유는 단순히 돈을 벌기 위해서만은 아닐 것이다. 아이들을 위한 엄마의 마음이 있었기에 지속 가능했던 일이다.

육퇴 후, 방구석 문방구 오픈합니다

5

자본금이라는
현실의 벽

나의 초창기 사업 계획은 캔들과 문구 사업을 같이하는 것이었다. 남편에게 캔들 사업의 창업 비용이 200만 원 정도면 된다고 했지만, 투자금은 야금야금 늘어나고 있었다. 캔들 지도사범 자격증 비용 150만 원에다가, 재료비까지 하면 200만 원은 진작 넘었다. 문구 사업을 위해 이것저것 샘플을 만들고, 굿즈를 제작하는 비용도 어느새 100만 원이 넘어가고 있었다.

투자 비용이 커지는 만큼 나는 무서워졌다. 남편은 대출 이야기까지 꺼내며 투자하자고 했지만 괜히 남편의 눈치가 보였다. 남편이 힘들게 번 월급까지 까먹으면 어쩌나 전전긍긍이었다. 사업을 한다고 하면 창업 비용이 몇천만 원, 억대까지 드는 경우도 많아서 300만 원 정도는 우습게 느껴질 수도 있다. 사업을 시작할 때 대출을 받거나 마이너스 통장을 이용하는 방법도 있지만 그러고 싶진 않았다. 안 그래도 집을 사느라 억대 빚이 있는 상태에서 대출금을 더 늘릴 수는 없었다.

37

더군다나 사업 초짜인 내가 빚을 지면서까지 일을 벌여도 되나 싶었다. 돈을 많이 투자하면 성장을 빨리할 수도 있지만, 이것이 성공으로 이어진다는 보장은 없다. 나 같은 초보 사장의 성공 확률은 턱없이 낮다고 생각해서 용기가 나지 않기도 했다. 그래서 나는 생활비를 줄이면서 차츰차츰 자본금을 확보하기로 했다. 일명 '작게 시작해서 확장하기' 기법을 사용하는 것이다. 대출은 최후의 수단으로 두고 생활비부터 줄여서 자본금을 확보하기로 했다. 이것저것 시도해 본 결과 생활비를 꽤 줄일 수 있었다. 효과가 컸던 방법을 아래에 정리해 보았다.

한 푼이라도 줄이는 전략 세우기

1. 선 저축 후 지출

'선 저축 후 지출'은 저축을 먼저 하고, 남는 돈으로 생활하는 것을 말한다. 보통은 생활비에서 쓸 거 다 쓰고 남은 돈으로 저축하는 경우가 많다. 이렇게 되면 저축하는 금액이 들쭉날쭉할 수밖에 없다. 생활비는 매달 비용이 바뀌는 변동 지출이기 때문이다. 생활비가 여유 있다고 생각하면 충동구매도 하기 쉽다. 세일해서 사게 되고, 1+1 행사를 하면 사게 된다. 지금 구매해야 받을 수 있는 증정품을 받으려고 계획에 없던 소비를 하기도 한다.

육퇴 후, 방구석 문방구 오픈합니다

이를 막기 위해 강제로 일정 금액을 저축하고 남는 생활비로 지내야 한다. 남은 돈이 적어지더라도 그 안에서 어떻게든 살게 된다. 단, 처음부터 무리하는 것은 금물이다. 내가 가능한 선에서 시작해야 한다. 모은 돈 없이 시작할 때는 여윳돈이 없으므로 저축 금액이 적거나 없을 수도 있다. 이때 5만 원이나 10만 원이라도 먼저 저축하는 것을 추천한다. 카페 가는 횟수를 줄이거나 냉장고 파먹기만 시도해도 10만 원 정도는 충분히 아낄 수 있다. 점점 종잣돈이 모이면 저축의 재미를 느끼고 자신감도 생긴다.

겨우 10만 원 정도가 효과가 클까 싶지만, 의외로 이걸로도 할 수 있는 것이 꽤 많다. 한 달에 10만 원이면, 스티커를 약 100장을 제작할 수 있는 금액이다. 자기 계발에 필요한 책을 구매하거나 강의를 들을 수 있는 금액이기도 하다. 파킹 통장에 넣어서 매일 이자를 챙겨 받을 수도 있다. 적은 금액이라도 습관을 들인다는 생각으로 선 저축을 꼭 해 보길 바란다.

2. 고정 비용 점검하기

고정비는 일정한 금액이 정기적으로 나가는 비용을 말한다. 예를 들어 휴대전화 기본요금이나 공과금, 인터넷 비용, 아이 학원비, 보험비, 세금 등을 들 수 있다. 고정비는 줄일 게 없다고 생각해서 생활비만 무작정 줄이는 경우가 많다.

고정비도 잘 살펴보면 줄일 수 있는 게 있다. 우리 가족은 휴대전화 요금제를 알뜰 요금제로 모두 변경하였다. 일반 통신사에 가입했을 때에는 1인

1장　빵점 주부, 살림 대신 도전은 할 수 있어

당 나오는 요금이 4~5만 원 이상이었지만, 알뜰 요금제로 변경한 후에는 만 원 이하로 줄일 수 있었다. (데이터와 통화 기준마다 상이) 데이터도 무려 10기가다. 알뜰 요금제로 변경하니 3인 가족의 휴대전화 요금이 한 달에 10만 원 이상 줄어들었다.

보험비도 마찬가지다. 보험은 한 번 가입하면 신경을 쓰지 않게 된다. 지인을 통해 가입했거나 누군가의 추천으로 가입했다면 더더욱 보험 항목을 점검할 필요가 있다. 나에게 필요 없거나 맞지 않는 항목이 있을 수 있기 때문이다.

결혼하면서 나와 남편은 보험을 새로 가입했었다. 엄마 지인인 보험 설계사의 말만 믿고, 무슨 항목이 있었는지 신경 쓰지 않았다. 몇 년 후에 보험을 살펴보았더니, 안구를 적출해야 보험 혜택을 받을 수 있는 불필요한 항목이 있었다. 입원비가 중복되는 것도 여러 가지 있었다. 보험에 무신경했던 나와 남편의 불찰이었다. 이를 계기로 꼭 필요한 항목만 남겨두고 정리하면서 보험비를 줄였다.

넷플릭스나 유튜브, 티빙 같은 구독 서비스를 점검하는 것도 하나의 방법이다. 최근 조사에 따르면 20대가 사용하는 구독 서비스는 평균 7.3개라고 한다. 구독 서비스의 비용을 모두 합치면 만만치 않은 금액이다. 나는 남편과 중복으로 가입된 것은 없는지 점검했다. 잘 이용하지 않는 것이 있

육퇴 후, 방구석 문방구 오픈합니다

는지 살펴보고, 가장 많이 이용하는 두 개의 서비스를 제외하고 모두 해지하였다. 이렇게 해도 살아가는 데 전혀 불편함이 없었다.

3. 소액일수록 재테크로 불리기

과거의 나는 '재테크'란 부자들만 하는 것인 줄 알았다. 카드값만 갚기에도 벅찬 삶이었기에 재테크에는 관심조차 없었다. 종잣돈이 없으니 아무것도 할 수 없다고 생각했다. 그렇게 스스로 선을 긋고 공부도 하지 않았다. 재테크는 큰돈으로만 굴려야 한다는 선입견도 한몫했다.

선 저축으로 저축 금액이 조금씩 쌓이자, 통장에만 두는 것이 답이 아니라는 것을 알았다. 지금은 저금리 시대이기도 하고 재테크 수단이 다양해져서 선택의 폭이 넓어졌기 때문이다.

주식도 소수점으로 투자할 수 있어서 1,000원 정도의 작은 액수로도 투자할 수 있다. ISA 계좌를 이용하여 연말 정산 때 세금 혜택을 받을 수도 있다. 당장 투자하지 않더라도 재테크 공부를 해놓으면 기회가 왔을 때 잡을 수 있다.

재테크 공부를 하면서 알게 된 것은 재테크가 많은 돈이 필요한 것이 아니며, 오히려 적은 돈일수록 재테크로 불려야 한다는 것이다. 나에게 맞는 재테크 방법을 하나씩 찾아보자. 안정성을 추구한다면 분산 투자를 하는 것도 방법이다.

1장 빵점 주부, 살림 대신 도전은 할 수 있어

4. 가계부는 필수! 지출 기록하기

가계부의 중요성은 수백 번을 강조해도 모자라지 않다. 가계부야말로 나의 소비 패턴을 파악할 수 있는 지표이다. 가계부를 쓰지 않으면 내가 하루에 얼마를 썼는지, 어디에 썼는지 파악이 되지 않는다. 특히 카드를 주로 사용한다면 더욱 그렇다. 카드사마다 혜택이 다양해서 보통은 한 종류의 카드만 사용하지 않는다. 그래서 하루 동안 어디에 지출했는지 취합하고, 점검하는 시간이 필요한 것이다. 가계부를 적다 보면 불필요하거나 충동적인 지출도 눈에 보이기 시작한다. 나름 예산을 정하고 돈을 썼다고 생각하지만, 막상 지출한 것들을 하나하나 적다 보면 이렇게 많이 썼나 싶을 것이다.

가계부를 작성하기 전에는 내가 식비에 이렇게 많은 돈을 쓰는지 몰랐다. 식자재 용량이 클수록 저렴해서 구매했는데, 결국 다 먹지도 못하고 버리는 경우가 허다했다. 저렴하게 구매했더라도 이렇게 버리는 양이 많다면 오히려 비싸게 구매한 셈이 된다. 가격만 볼 것이 아니라 내 생활 습관과 함께 고려하여 구매해야 한다.

커피에 지출하는 금액도 만만치 않았다. 카페인 중독인지라 커피를 매일 마셨다. 저렴한 프랜차이즈 카페에서 아이스 아메리카노를 사면 보통 2,000원이다. 이를 매일 마신다고 가정하면 커피값만 한 달에 6만 원이다. 커피만 마시면 다행이다. 케이크나 샌드위치 같은 디저트를 곁들이니 카

육퇴 후, 방구석 문방구 오픈합니다

페에서 쓰게 되는 돈만 10만 원이 넘었다. 카페에 가는 지출을 줄이기 위해 약속이 있지 않은 한 카페에 가지 않으려고 노력했다. 커피는 집에서 마시거나 텀블러에 담아서 외출했다. 이렇게 또 10만 원이 절약되었다.

이외에도 150만 원 이하는 할부 안 하기, 택시보다 대중교통 이용하기, 중고 거래 활용하기 등이 있다. 절약하는 생활을 하다 보면 너무 스트레스를 받지 않을까 걱정했다. 막상 해 보니 오히려 삶의 질이 올라갔다. 절약해서 남은 돈으로 주식이나 사업에 투자하거나, 적금 통장을 늘릴 때의 기쁨이 훨씬 컸다. 뿌듯한 마음에 오히려 성취감이 올라갔다. 카드값을 어떻게 메꿀지 전전긍긍하던 과거의 삶이 훨씬 더 스트레스였다.

이러한 노력으로 카드값이 점점 줄어들고, 한 달에 100만 원에 가까운 여유 자금이 생기기 시작했다. 물론, 이것이 단기간에 된 것은 아니었다. 생활 습관을 바꾸기가 쉬운 일은 아니어서 몇 개월이 걸렸다. 첫 달은 10만 원 겨우 저축하던 것이 점점 늘어났다. 이렇게 사업에 필요한 자본금을 마련할 수 있었다.

나는 과거로 돌아간다 해도 이런 패턴으로 시작할 것이다. 작게 시작해도 괜찮다는 것을 지금은 너무 잘 알고 있기 때문이다. 처음부터 사업에 많은 투자금을 질렀다면, 원금 회수에 대한 집착으로 조급했을 것이다. 조급한 마음은 쉽게 지칠 수밖에 없다.

1장 빵점 주부, 살림 대신 도전은 할 수 있어

생활비를 줄이려는 구체적인 목표가 있어야 무너지지 않는다. '노후 준비를 위해서'나, 막연히 '아끼면 좋으니까.' 이런 이유는 오래가지 못한다. 가까운 미래를 목표로 두고 구체적이면 더욱 좋다. 예를 들면 '6개월 동안 500만 원 모으기'라던가, 26주 적금으로 소액이라도 모으는 재미를 느끼는 것이 중요하다.

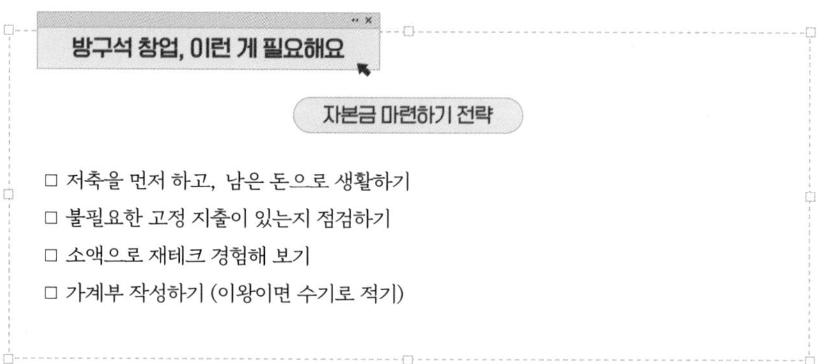

6

셔틀맨을 꿈꾸는 남편의 꿈을
이뤄줄 수 있을까?

"우리 집안에 사업가가 탄생하다니!"

구체적인 사업 계획을 남편에게 말하자 오버하는 남편의 말이었다. 남편은 사업 대박 나는 거 아니냐며 김칫국을 한 사발 마시고 있었다. 이렇게 가까운 사람이 창업한 경우는 처음이라며 남편은 한껏 들떠 있었다. 나는 새로운 시작에 대한 설렘도 있었지만, 걱정과 두려움이 앞섰다. 지갑 제조업을 하시는 부모님을 보며 사업의 '불안정함'이 얼마나 큰지 뼈저리게 알고 있었기 때문이다. 저리 설레하는 남편을 보니 더욱 신중해졌다. 괜한 기대감만 심어준 것은 아닌지 걱정됐다.

남편의 응원에 힘입었으니 무엇을 할지 결정만 하면 됐다. 처음부터 공방을 얻기보다, 집에서 해 보기로 했다. 월세와 각종 공과금이 고정비로 잡히는 것이 부담스러웠던 것이 이유였다. 아이가 집에 있어도 괜찮은 일이면서, 적은 예산으로 가능한 일을 찾아보기 시작했다.

45

내 적성에도 어느 정도 맞아야 했기에 마음이 끌리는 창업 아이템부터 추려 봤다. 고심 끝에 추려진 아이템은 레진, 비누, 캔들 이렇게 세 가지였다. 자격증을 취득하는 데 필요한 경비도 셋 다 비슷했고 호기심이 생긴 아이템들이었다.

셋 중에 가장 마음을 빼앗겼던 것은 레진 공예였다. 레진 공예는 어떤 것으로 꾸미느냐에 따라 다양한 분위기를 연출할 수 있는 것이 매력이었다. 레진 공예는 키링부터 스마트톡, 손거울, 액세서리, 머리핀, 키 캡 등 만들 수 있는 제품이 무궁무진해서 활용도도 가장 높았다. 다이어리 바인더도 만든다면 문구 사업과 접목하기에 제격이었다.

문제는 레진을 만드는 과정에 있었다. 레진 용액은 액체 형태의 플라스틱이다. 실리콘으로 만든 틀에 레진 용액을 붓고 굳히는 작업을 거치는데, 이 과정에서 암모니아뿐만 아니라 많은 독성 물질이 나온다. 환기가 잘 돼야 함은 물론이고, 방독면도 필수로 써야 한다. 피부에 닿으면 좋지 않기 때문에 장갑도 착용해야 한다. 레진 용액이 굳는 시간도 오래 걸려서 굳는 동안에 혹시나 아이가 만지지 않을까 마음에 걸렸다.

두 번째 아이템은 비누였다. 아이가 원데이 클래스로 비누 제작 체험을 하는 것을 보고 관심이 생겼던 아이템이다. 아이가 비누를 만드는 것을 봤을 때는 간단해 보였는데, 실상은 그렇지 않았다. 아이가 체험했던 비누는 비누 베이스를 녹여서 틀에 붓고 향을 섞어서 빠르게 굳히면 끝이었다. 이는 MP 비누였다.

우리가 흔히 쓰는 단단한 비누는 CP 비누다. CP 비누는 MP 비누와 다르게 양잿물 성분이 필수로 들어가기 때문에 6주 이상의 숙성 과정을 거쳐야 한다. 비누 공방 선생님은 아이가 있다면 집에서 만드는 것이 위험할 수 있다고 하셨다. 또한, 비누는 화장품 제조업에 해당하기 때문에 허가도 따로 받아야 했다.

이제 남은 것은 캔들뿐이다. 아이가 있는 집에서 캔들을 만든다고 했을 때 걸리는 부분은 하나였다. 캔들 왁스를 녹이는 과정에서 화상을 입는 사고가 날까 봐. 하지만 캔들을 직접 만들어보니 생각보다 캔들 온도가 빨리 식어서 괜찮았다. 레진에 비하면 훨씬 빨리 굳었다. 아이가 자고 있을 때 만든다면 문제가 되지 않았다.

캔들도 단점은 있었다. 바로 비수기가 길다는 점이다. 레진이나 비누는 사계절 어느 때나 수요가 있지만, 캔들은 주로 겨울에 많이 판매된다. 요즘은 디자인이 다양해서 인테리어 소품으로 캔들을 놓는 경우도 많다지만, 겨울의 수요를 따라가긴 힘들었다. 이에 대한 해결책으로 비수기에는 문구 사업을 집중하기로 했다. 그렇게 캔들과 문구 사업을 병행하는 것으로 창업은 시작됐다. 캔들과 문구를 함께 하는 경우는 별로 보지 못해서 희소성도 있고 특색 있는 브랜드가 될 것이라는 기대감에 가득 찼다.

"못 먹어도 GO!" 캔들 자격증에 한걸음 가까이

캔들 창업을 하는 데 있어서 자격증이 필수는 아니다. 그래도 이왕 배우는 거 지도사범 자격증까지 따고 싶은 욕심이 생겼다. 공방에서 한국 양초 공예협회(KCCA) 아로마 캔들 지도사범 자격증 과정을 수료하기로 했다. 이 수강료는 22년 당시에 150만 원이었다. 이는 전국적으로 같은 금액의 수료 과정이었지만, 어느 선생님한테 배우는지에 따라 결과물의 분위기가 달라지기 때문에 내가 추구하는 분위기와 맞는 공방을 찾아야 했다. 열심히 검색한 끝에 목동에 있는 공방으로 결정했다.

캔들 자격증반을 등록하려고 공방에 방문한 날이었다. 공방 선생님은 캔들 자격증을 왜 따려고 하는지, 혹시 결혼은 했는지, 나에게 조심스레 물어보셨다. 처음엔 캔들 자격증을 따는 것이 결혼이랑 무슨 상관인가 의아했다. 보통 결혼보다는 아이가 어려서 진행을 못 하는 경우가 많기 때문이다. 결혼했다고 하니 선생님은 "혹시 남편분의 허락은 맡으셨을까요?"라는 것이다.

아차 싶었다. '남편의 반대로 발길을 돌리신 분들이 있었나 보다.' 하고 직감했다. 역시나 남편과 함께 상담하러 오는 경우가 종종 있는데, 남편의 반대로 무산되는 경우가 왕왕 있다고 하셨다. 큰마음 먹고 새로운 분야에

육퇴 후, 방구석 문방구 오픈합니다

도전하는데 남편의 허락이 필요하다는 사실에 씁쓸했다.

자격증 취득에 필요한 150만 원은 사업을 위한 투자 비용치고는 적은 편에 속한다. 그러나 수입이 없는 전업주부에겐 한없이 큰 액수다. '차라리 이 돈으로 아이에게 필요한 것을 사줄까? 가족 여행을 갈까?' 하며 고민되는 금액이다. 가정주부는 가족을 위한 소비만 하다가 나를 위해 돈을 쓰려니 어색하고, 남편의 눈치가 보이기도 할 것이다.

캔들은 여성 구매자가 남성보다 훨씬 많기에 남편 입장에서는 캔들 사업 전망에 의구심도 들었을 것이다. 사업이 대박 나면 회사를 때려치우고 내 매니저를 하겠다는 우스갯소리를 했지만, 없는 형편에 아무 걱정 없이 무작정 동의한 것은 아닐 것이다. 큰 결심을 하고 응원해 준 남편을 위해서라도 열심히 해야겠다고 다짐했다.

셔틀맨을 꿈꾸는 남편을 위해 이제 남은 건 적극적으로 실행하는 것뿐이었다. 아이를 등교시키고 김포에서 목동까지 오가며 수업을 들었다. 이론과 실습을 병행하다 보니 두세 시간이 순식간에 지나갔다. 캔들에 대해 세세한 부분까지 배우니 어려운 부분도 많았다. 캔들 왁스가 온도에 민감해서 굳는 속도와 시간까지 계산해서 만들어야 했다. 그저 왁스를 녹이고 틀에 부으면 끝인 줄 알았는데 만만치 않았다. 역시 세상에는 쉬운 일이 없다.

어려운 과정이었지만, 캔들 지도사범 자격증을 취득하고 화학 제품 인증까지 마쳤다. 판매를 바로 할 수 있도록 스마트 스토어에 상품을 등록했다. 포장 용품, 스티커를 제작하고 인스타에도 홍보하기 시작했다. 주문량이 많진 않았지만 조금씩 꾸준히 들어왔다. 큰 욕심 안 부리고 이대로만 유지해도 괜찮겠다 싶었다. 하지만 세상은 그리 호락호락하지 않았다. 내 건강에 적신호가 들어온 것이다.

어느 시점부터인가 코가 간질간질하고 코피가 자주 났다. 비염이 있긴 했지만 1년에 한두 번 정도만 병원에 가는 수준이었다. 이비인후과에서 처방받은 약을 이틀 정도만 먹으면 괜찮아졌기에 일상생활에 전혀 지장이 없었다. 그런데 이상하게 비염 증상이 갈수록 심해졌다. 코 안쪽이 간지러운데 긁을 수 없는 고통은 끔찍했다. 처방받은 약을 먹어도 어찌 된 일인지 나아지지 않았다.

원인을 알게 된 것은 한여름 동안 캔들 주문이 거의 들어오지 않을 때였다. 캔들을 덜 만드니, 언젠가부터 비염 증상도 나아진 것이다. 원인은 캔들 향료에 의한 알레르기였다. 소량으로 제작할 때는 괜찮은데 주문량이 많아지면 어김없이 코피가 났다. 약에 의존하며 최대한 버티려고 했지만 점점 한계였다. 캔들을 포기하기엔 너무 아까웠지만 건강이 가장 소중하기에 결국 취미로 남겨두기로 했다. 이런 사정으로 부업이었던 문구 사업이 메인이 되었다. 셔틀맨을 꿈꾸는 남편의 소망은 아직 이루지 못했다. 하지

육퇴 후, 방구석 문방구 오픈합니다

만 우리는 꿈을 포기하지 않았다.

1장 빵점 주부, 살림 대신 도전은 할 수 있어

1장 빵점 주부, 살림 대신 도전은 할 수 있어

1

육퇴 후
3시간을 사수하라

밤 10시, 아이가 잠들었다. 나도 분명 졸려서 정신이 혼미했는데 어느 순간 눈이 번쩍 떠진다. 나 혼자만의 시간이 이렇게 소중한지 아이를 낳기 전에는 몰랐다. 그래서 그런지 아이가 잠들고 나면, 나만의 시간을 본능적으로 사수하고 있었다. 아이가 유치원에 있는 동안에도 혼자만의 시간이지 않냐고 반문하는 이도 있을 것이다. 낮과 밤은 고요한 분위기, 습도, 온도부터 차원이 다르다.

낮에는 눈에 보이는 집안일을 처리하고 밥 먹고, 설거지를 하다 보면 금방 아이를 데리러 갈 시간이 된다. 육아 퇴근 후의 밤은 온 세상이 잠들어 고요하다. 이웃과 식구의 잠을 방해하지 않기 위해 조용히 해야만 한다. 달그락거리는 설거지는 물론이고, 빨래 더미가 쌓여 있더라도 세탁기를 돌릴 수 없다. 집안일이 있어도 하면 안 되는 시간인 것이다. 역으로 시끄럽지 않다면 뭐든 해도 되는 시간이기도 하다.

고요한 밤에 나만 깨어있는 시간은 집중을 최고치로 끌어올릴 수 있는 시간이기도 하다. 아이가 아주 어릴 때는 자는 도중에 깨는 날이 많았다. 그래서 크게 집중하지 않아도 되는 쇼핑을 하거나 웹툰을 보며 시간을 보냈다. 이런 것들은 언제든 집중이 깨져도 괜찮았다. 아이가 점점 커지니 새벽에 깨는 일이 차츰 사라졌다.

문득 이 시간을 잘 활용하여 취미생활을 하면 좋겠다고 생각했다. 그렇게 아이패드로 캘리그래피와 그림을 그리기 시작했다. 그림을 그리는 것은 좋아했지만, 고등학교 미술 시간 이후로는 그릴 일이 없었다. 10년을 넘게 그림을 안 그리다가 그리려니 막막했다. 실력이 없으니 내가 생각한 대로 결과가 나오지 않았다. 더군다나 종이에 그리는 것과 아이패드에 그리는 것은 느낌이 전혀 달랐다. 미끌미끌한 액정에 딱딱한 펜으로 그리려니 이상하고 왠지 어색했다.

그런데도 패드에 그리는 디지털 드로잉은 장점이 어마어마했다. 캔버스를 무한으로 생성할 수 있는 데다가 얼마든지 수정이 가능한 것이 가장 큰 매력이었다. 종이에 그리다 망치면, 새 종이가 필요하고 수정하기도 어렵다. 반면에, 디지털 드로잉은 얼마든지 다시 그릴 수 있다. 색깔이 마음에 안들면 완전히 다른 색으로 순식간에 바꿀 수 있다. 이런 점이 나 같은 초보자에겐 제격이었다.

그림을 집중해서 그리다 보면 걱정거리와 잡생각이 떠오르지 않았다. 그

1장 빵점 주부, 살림 대신 도전은 할 수 있어

저 어떻게 표현해야 할까에 대한 생각뿐이었다. 그 과정이 재미있어서 낮에도 그리고 밤에도 그리다 보니 6시간 이상씩 그렸다. 그 결과, 전문가 정도는 아니어도 내가 원하는 형태는 그릴 수 있게 되었다.

아이패드로 그린 나의 첫 그림과 어느 정도 형태를 갖추게 된 그림

위의 그림을 보면 알 수 있듯이, 나의 첫 그림은 말 그대로 처참했다. 아무리 오랜만에 그렸다지만 헛웃음이 나왔다. 그래도 디지털 드로잉은 무한 수정이 가능하니까 괜찮았다. 언제든 고칠 수 있기에 그림을 망치더라도 스트레스를 받지 않아서 부담 없이 즐길 수 있었다. 뭘 그려야 할지 모를 때는 지인이나 그들의 애완동물을 그렸다. 많은 레퍼런스가 있는 '핀터레스트'라는 사이트에서 끌리는 모델이나 연예인을 그리기도 했다. 가끔 그림을 선물로 주었는데 반응이 좋았다.

육퇴 후, 방구석 문방구 오픈합니다

연습 삼아 그린 그림들

이것저것 대중없이 그려서 사인도, 그림체도 제각각이었다. 장식이 화려하거나 섬세하고 깊게 팔수록 그림 하나를 완성하는 데 8시간 이상은 족히 걸렸다. 시간이 오래 걸리니 이왕이면 그림으로 수익화하는 방법이 없을까 고민하기 시작했다.

뭐라도 창업을 하기로 결심하고 나서는 육퇴 후의 시간이 창업으로 인한 고민으로 가득 찼다. 브랜딩을 위한 대표 캐릭터를 아이와 함께 만들고 사

1장 빵점 주부, 살림 대신 도전은 할 수 있어

업자명과 창업 아이템은 무엇으로 할 것인지에 대한 고민이었다. 사업자명에는 나와 관련된 것이 꼭 들어가면 좋겠다고 생각했다.

내 이름에 '람'자가 들어가서 지인 몇 명이 나를 '라미'라고 불렀기에, 이를 사업자명에 넣기로 했다. 그리고 누가 뭐라 해도 내 갈 길 간다는 뜻의 '마이웨이'를 합쳐 〈라미웨이〉라고 지었다.

브랜드명을 지을 때는 한글과 영문으로 된 이름을 같이 짓는 게 좋다. 국제화 시대인 만큼 내 브랜드가 언제, 어떻게 노출될지 모르기 때문이다. 한글 이름은 쉽게 정했는데 영문으로 어떻게 표기할지 정하는 데 생각보다 오래 걸렸다. 사업 초기에는 LAMIWAY였지만 RAMIWAY로 변경하기도 했다. 그렇게 지금의 라미웨이가 탄생한 것이다.

습관이 바뀌면 인생이 바뀐다는 말이 있다. 작은 습관이라도 매일 꾸준히 쌓이면 인생이 바뀐다는 것이다. 나에게는 '육퇴 후 3시간'이 그러했다. 그림을 그리고 독서도 하며, 나의 성장에 집중하는 시간을 보냈다. 3시간은 결코 짧은 시간이 아니었다. 쇼핑만 하느라 시간을 흘려보낼 때는 3시간 동안 이렇게 많은 일을 할 수 있는지 몰랐다. 주부인 나는 집안일과 육아도 해야 하기에 선택과 집중이 중요했다. 3시간 동안 나의 성장을 위한 집중을 최대한 쏟아부으려고 노력했다.

아이 간식비만 벌어보자 하고 시작한 창업이, 이젠 옷도 사주고 신발도 사줄 정도로 벌게 되었다. 이뿐만 아니라 무언가 하고 싶어지면 남편의 손

육퇴 후, 방구석 문방구 오픈합니다

을 빌리지 않고 할 수 있게 되었다. 멍하니 TV를 봤거나 쇼핑하는 데만 시간을 보냈다면 절대 있을 수 없는 일이었다. 육퇴 후의 3시간부터 활용해보자. 매일 3시간의 투자로 인생이 바뀐다면 충분히 투자할 가치가 있지 않을까.

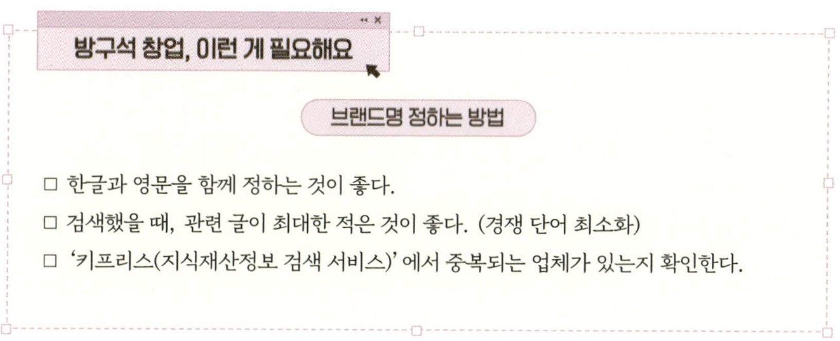

1장 빵점 주부, 살림 대신 도전은 할 수 있어

8

전공보다 중요한 건,
실행력

대한민국 최고의 요리 연구가이자 기업가인 '백종원'을 알만한 사람은 다 알 것이다. 그는 TV 프로그램 〈마이 리틀 텔레비전〉, 〈골목 식당〉 등에 출연하면서 많은 요식업계에 영감을 주는 인물로 꼽힌다. 최근 〈흑백 요리사〉에서는 심사 위원을 맡으면서 또 한 번 그의 저력을 한껏 보여주었다.

그렇다면 이쯤에서 그의 전공이 무엇인지 추측해 보자. 모르는 요리가 없어 보이는 그는 요리학과를 나왔을까? 아니면 여러 브랜드를 창업한 CEO로서 경영학과를 전공했을까? 여기에 놀라운 반전이 있다. 그의 전공은 바로 사회복지학과다.

그렇다면 전 세계적으로 성공한 OTT 플랫폼인 넷플릭스(Netflix) 창업가의 전공은 무엇일까? 넷플릭스의 창업가 '리드 헤이스팅스'는 이와 전혀 관련 없는 수학을 전공했다. 아래의 표를 보면 더 흥미로운 사실을 알 수 있다.

58

◉ 학교 소재지별 취업자 특성

학교 소재지	성별	고용률 (%)	임금 근로자 비율 (%)	정규직 비율 (%)	전공일치 비율 (%)	교육수준 일치비율 (%)	300인 이상 규모업체 취업비율 (%)	첫직장 입직 소요기간 (개월)	월평균 소득 (만원)	300인 이상 월평균 소득 (만원)	주당평균 근로시간 (시간)	자격증 보유비율 (%)
수도권	전체	68.8	97.2	67.6	46.6	59.5	36.2	4.2	271.3	326.2	41.9	47.6
	남자	71.1	97.4	72.4	48.2	60.3	41.9	3.7	301.6	342.6	43.5	45.1
	여자	66.6	96.9	62.7	44.9	58.6	30.2	4.6	239.9	302.4	40.3	50.0
비 수도권	전체	63.9	97.3	60.9	47.6	61.8	23.1	4.8	233.2	276.4	42.3	59.2
	남자	65.4	96.8	65.6	45.1	62.1	24.7	4.7	248.9	287.0	43.7	56.5
	여자	62.4	97.8	55.7	50.4	61.5	21.3	5.0	216	262.6	40.8	61.9

출처: 한국고용정보원 고용통계조사 안내서-대졸자직업이동경로 조사(GOMS)

위의 표는 한국고용정보원에서 조사한 2019년 4년제 대학 졸업자의 취업 정보이다. (2021년부터는 조사 개편을 위해 잠정 중단됨) 이를 살펴보면, 직장과 전공의 일치 비율이 절반도 안 되는 경우가 많다는 것을 알 수 있다. 이주호 교육부 장관은 전공 불일치 문제가 심각하다며 무전공 입학을 확대해야 한다고 주장하기도 했다. 이는 급변하는 사회에 일자리 선택의 폭이 넓어졌지만, 학교가 이를 따라가지 못하고 있다는 것을 의미한다.

그렇다면 일반 회사에 취업한 경우가 아닌 사업을 하는 사람들은 어떨까. 사업의 전공 불일치 비율은 더더욱 낮을 것으로 예상한다. 사업을 할 때 전공이 필수가 아닐뿐더러, 분야는 훨씬 다양하기 때문이다. 나 역시도 행정학과를 나왔지만 굿즈를 디자인하고 판매하는 사업을 하고 있다. 포토샵, 일러스트도 배운 적 없고 미술 학원조차 다닌 적이 없다. 직장에서도 전공과 무관한 회계 업무를 주로 맡았다. 나뿐만 아니라 문구 작가 중에 비

1장 빵점 주부, 살림 대신 도전은 할 수 있어

전공 출신은 흔하게 볼 수 있다.

같은 행정학과 동기였던 J 역시 마찬가지다. J는 평범한 직장 생활을 하다가 출산하면서 경력이 단절되었다. J는 아이를 키우면서 유아 교육에 관심이 생겼다. 아이가 어린이집에 다니기 시작하자, J는 학점은행제를 이용하여 보육교사 자격증을 취득했다. 또한 가베 놀이로 아이를 가르치며 가베의 매력에 빠져서, 그 길로 가베 지도사 자격증을 따기도 했다.

J는 자격증을 따고 아이 교육비라도 벌자는 마음에 아이 돌봄 서비스 업체에서 일하기 시작했다. 그녀는 단순히 아이만 돌봐주는 것이 아니었다. 가베를 이용해 아이와 놀아주었다. 아이를 돌봐주면서 가베 수업도 무료로 해주니, 엄마들에게 입소문이 빠르게 퍼져나갔다. 보육교사 자격증이 있는 것도 J의 강점이었다.

J에게 가베 수업 문의가 계속 오자, 그녀는 본격적으로 가베 방문 교사로 활동했다. 아이를 위해 시작한 공부가 그녀의 직업이 된 것이다. 지금은 공부방까지 창업하면서 그녀의 영역을 넓혀가고 있다. 전공과 무관한 사업을 하는 엄마들의 이야기를 더 들어보자.

플룻 전공이지만, 한지 공예사가 된 〈단아린 한지공방〉의 권성은 작가

〈단아린 한지공방〉을 운영하는 권성은 작가는 한지 공예가이자 민화 작가이다. 그녀의 행보를 보면 전통 미술을 전공했나 싶지만, 그녀는 놀랍게도 한지와 전혀 무관한 플룻을 전공했다. 그녀는 아이와 한지 키트를 가지고 놀다가 한지 공예에 흥미가 생겼다고 한다. 취미로 만든 한지 공예품이 하나둘씩 늘어나면서 주변에 선물로 주기 시작했는데 반응이 꽤 좋아서 더욱 흥미가 생겼다고 한다.

주변 사람들의 좋은 반응에 권성은 작가는 한지 공예 자격증 취득을 알아보았다. 방법을 알아보니 한지 공예 협회에 포트폴리오를 제출하는 방식이었다. 그동안 만든 수많은 작품으로 포트폴리오를 만들기에 충분했다. 그렇게 자격증을 취득하고 그녀는 본격적으로 이 사업에 뛰어들었다. 한지 공예 협회에서 주최하는 전시회에 참여하고, 한지 공예 지도사 1급 자격증까지 따게 되었다.

그녀는 사업 자본금을 충당하기 위해 신사업 창업사관학교를 활용했다. 지원 사업에 선정되면 마케팅과 세금 교육 등 여러 가지 혜택을 받을 수 있다. 이를 위해 발수코팅제를 이용하여 씻을 수 있는 한지를 연구하게 되었고, 우수상을 받으며 지원 사업에 선정되기도 하였다.

권성은 작가는 아이의 미술 학원 선생님과의 인연으로 민화도 접하게 되면서, 민화 작가로서의 활동도 하고 있다. 그녀는 여러 군데서 수상을 받으며 그녀만의 꿈을 펼치는 중이다.

쌀로 만든 건강한 디저트 가게 〈늘봄 정원〉

아이에게 조금이라도 밀가루를 덜 먹이고자 알게 된 디저트 가게가 있다. 바로 강원도 원주에 있는 〈늘봄 정원〉이다. 〈늘봄 정원〉의 디저트는 쌀로 만들었지만 일반 밀가루로 만든 디저트보다 더 맛있었다. 문득, 어쩌다 쌀로 만든 디저트 가게를 차리게 됐는지 궁금했다. 몇 가지 질문 요청에 그녀는 흔쾌히 답변해 주었다.

〈늘봄 정원〉의 사장님 이경운 씨는 건축 인테리어를 전공했다고 한다. 디저트 가게를 하기 전에는 사장님의 전공을 살린 인테리어 사업을 운영했다. 그녀가 출산한 뒤에는 육아에 매진해야 했기에 남편이 주로 일을 맡았는데, 남편의 어깨가 크게 다치는 일이 생기고 말았다. 남편이 일을 못 하게 되면서, 그녀는 일과 육아를 동시에 책임져야 하는 상황이 되었다. 갑작스러운 일인 데다가 아이가 너무 어려서 당장 무엇을 해야 할지 막막했다. 그녀는 한동안 친정 부모님의 도움을 받으면서 겨우 버텼다. 하지만 계속 이렇게 지낼 순 없었다. 그녀는 무엇이라도 해야 했다.

그녀는 취미로 했던 베이킹을 살려서 인테리어 사업을 접고, 디저트 가게를 차리기로 한다. 남편 가족력에 당뇨가 있는지라, 평소 건강한 디저트에 관심이 많았다. 우리 아이에게 먹인다는 마음으로 건강한 디저트를 만

육퇴 후, 방구석 문방구 오픈합니다

드는 것에 초점을 두었다. 그래서 밀가루가 아닌 쌀로 빵과 쿠키를 만들기로 했다.

그동안 취미로 베이킹을 해왔지만, 쌀로 만든 적은 없었다. 밀가루로 했던 베이킹을 쌀로 하려니 처음엔 실패도 많이 했다. 그런데도 그녀는 포기하지 않고 유튜브와 책으로 독학하며 연구를 거듭하며 〈늘봄 정원〉만의 레시피를 완성시켰다. 그녀는 인테리어 학과를 전공했지만, 아이를 위한 마음과 베이킹을 좋아했던 것이 늘봄 정원을 탄생시킨 것이다. 늘봄 정원은 '누구에게나 언제나 봄처럼 따뜻한 공간'이라는 뜻이라고 한다. 마음속에 나만의 따뜻한 정원 하나쯤 가졌으면 좋겠다는 사장님의 마음이다.

이처럼 전공과 무관한 사업을 하는 사례는 흔하게 볼 수 있다. 수많은 식당 사장님들이 모두 요리학과를 전공하지 않았을 것이다. 우리는 학창 시절에 수능 위주의 공부를 하고 많은 경험이 없기에, 전공을 선택할 당시에는 우물 안의 개구리나 다름없다. 그렇기에 졸업을 하고 나서 사회 경험을 쌓은 뒤, 나의 적성을 찾아 전공과 다른 길로 가는 경우가 많다.

사업에서는 전공보다, 필요한 자격증이나 하고자 하는 실행력과 경험이 훨씬 중요하다. 하고자 하는 일이 전공이 아니라고 시작하기도 전에 주저할 필요는 없다. 전공과 무관하더라도 도전하고 싶은 일이 있다면 도전해 보자. 시도조차 하지 않는 건 큰 보석을 놓치는 것이나 다름없다.

1장 빵점 주부, 살림 대신 도전은 할 수 있어

집에서 시작한 내 작은 사무실

아이패드 한 대가 바꿔준
내 운명

2018년 여름 새벽, 돌쟁이 아이를 수유하는데 문득 이런 생각이 들었다. 창가를 통해 푸르스름한 빛이 들어오는데, 유난히 하얀 벽지가 영 거슬렸다.

"벽지가 왜 이렇게 하얗지? 칼로 찢어 버려야겠어."

순간 흠칫하며 정신을 차리니, 이런 생각을 하는 내 모습에 소름이 돋았다. 돌이켜보면 그 당시의 나는 산후우울증을 겪고 있었던 것 같다. 그땐 내가 왜 그런 무서운 생각을 하는지조차 몰랐다. 잠을 못 자서 예민해졌나 하고 넘겨 버리곤 했다. 육아만으로도 정신이 없어서 나를 보살필 시간도 없던 터라, 그런 혼란이 당연하게 느껴지기도 했다. 아이를 키우며 알게 된 엄마들과 이야기를 나누다 보니, 나처럼 산후우울증인 줄도 모르고 지나온 경우가 많았다. 남편에게 힘든 마음을 털어놓으니 기분 전환될 만한 것을 찾아보자고 제안했다. 기분 전환에는 여행이 최고라고 생각했다.

마침 동생들이 일본 여행을 간다고 하여 남편에게 아이를 맡기고 무작정 동생들을 따라갔다. 비행기를 타니 기분이 나아진 듯하였으나 그것은 잠시였다. 아이가 계속 눈에 밟혔다. 아이는 엄마를 찾을 텐데 이렇게 여행을 와도 되는지 나쁜 엄마가 된 기분이었다. 지나가는 아기만 봐도 내 아이가 생각나고 걱정돼서 눈물이 났다. 산후우울증은 아이와 떨어진다고 해결되는 게 아니라는 것을 그때 깨달았다. 결국 나는 일본에서 아이 장난감만 잔뜩 사고 돌아왔다.

여행을 다녀오고 아이와 함께 있으면서 기분 전환할 수 있는 게 뭐가 있을까 생각했다. 엄마가 행복해야 아이도 행복하다는데, 이대로 있다간 둘 다 불행할지도 모르겠다는 생각이 들었다. 아이를 위해서라도 행복해져야 했다. 그러다 SNS에서 우연히 보게 된 '디지털 캘리그래피' 강의 광고가 눈에 띄었다. 캘리그래피를 배워두면 부업이든 취미든 여러모로 쓸모가 있을 것 같았다. 포스터 디자인에는 물론이고, 카페나 식당 메뉴에도 많이 쓰였기 때문이다. 나는 홀린 듯이 바로 강의를 결제했다.

캘리그래피 강의를 보니 강사님은 아이패드를 사용하고 있었다. 우울해하는 내가 아이패드를 갖고 싶다 하니, 남편은 흔쾌히 아이패드 6세대를 사주었다. 이렇게 아이패드가 내 손에 들어왔고 캘리그래피 강의도 열심히 들었다. 오랜만에 무언가를 배우니 재미있었다.

강의를 완주할 때까지는 열심히 했는데, 모든 강의를 듣고 나니 점점 아

육퇴 후, 방구석 문방구 오픈합니다

이패드를 켜는 일이 줄어들었다. 아이패드가 충전이 안 되어있어서 안 하고, 귀찮아서 안 했다. 그렇게 아이패드는 구석에 처박힌 채 잊혀갔다.

아이패드의 부활

그러던 어느 날, 남편이 "아이패드는 자주 쓰고 있어?"라고 물었다. 아이패드 전원을 켠 지 오래됐기에 뜨끔했다. 사실 아이패드의 존재조차 잊고 있었다. 뜨끔한 마음에 아이패드를 오래간만에 켜보았다. 당시 70만 원이나 주고 산 아이패드를 이대로 내버려뒀다니 아까웠다. 디지털 캘리그래피 강의 내용은 잊어버린 지 오래였다. 캘리그래피를 배울 때 '프로 크리에이트'라는 유로 앱을 사용했는데, 이것도 아까워서 *끄적끄적* 그림이라도 그렸다. 그림과 무관한 삶을 살았던 내가 잘 그릴 턱이 없었다.

원하는 대로 그림이 그려지지 않으니 답답했다. 답답한 마음에 유튜브를 통해 패드로 드로잉 하는 영상을 보기 시작했다. 아이패드로 그림을 그리는 사람들이 모여있는 단톡방(단체 카카오톡 방)에도 가입했다. 사람들과 소통하며 모르는 것을 질문하기도 하고, 피드백도 주고받았다. 시험 기간에는 책상 정리만 해도 즐겁지 않은가? 육아만 하다가 그림을 그리니 너무 즐거웠다.

그림이 완성되면 해냈다는 성취감이 들었다. 그림과 거리가 먼 남편은

2장 집에서 시작한 내 작은 사무실

나무만 대충 그려도 칭찬 일색이었다. 옆에서 비행기를 태워주니 그림 그리는 재미를 오래 붙일 수 있었다. 엄마인 내가 패드로 그림을 그리니, 아이도 패드에 관심이 많았다. 아이는 종이보다 패드에 그림을 자주 그렸다. 아이와 함께 아이패드에 낙서하면서 문득 그런 생각이 들었다. 아이가 그린 그림을 스티커로 만들어보면 어떨까? 마침 아이 생일이 다가와서 답례품 스티커를 제작하려고 했던 참이었다. 스티커에 글씨만 넣으려다가 아이의 그림도 함께 넣어서 답례 스티커를 제작했다.

아이가 직접 그린 그림을 넣어 만든 답례품 스티커

주문 제작한 스티커가 도착하니, 아이는 역시나 좋아했다. 친구들에게 답례품을 줄 때마다 자기가 그린 그림이라고 자랑했다고 한다. 나 역시도 뿌듯했다. 스티커를 받고 보니, 그림이 실물화 되는 것이 매력적으로 다가

육퇴 후, 방구석 문방구 오픈합니다

왔다. 굿즈 제작에 대해 알아보니 많은 제작자가 아이패드와 프로 크리에이트를 이용해서 작업한다는 것을 알았다.

난 이미 준비물만큼은 완벽했다. 문제는 굿즈를 어떻게 제작해야 하는지 몰랐다. 아이 그림으로 만들었던 스티커는 제작 업체에 그림만 업로드하면 끝이었다. 하지만 이곳은 원형이나 사각형처럼 단순한 모양의 스티커만 가능했다. 나는 문방구에서 흔히 볼 수 있는, 그림 형태에 따라 칼 선이 있는 스티커를 제작하고 싶었다. 굿즈 제작 관련된 책을 보면서 독학을 해 보려고 했지만, 제로베이스인 상태에서는 이해가 가지 않았다. 무언가를 하고 싶은데 방법을 모른다면 온라인이든 오프라인이든 강의를 듣는 것이 가장 빠른 길이라고 판단했다. 그것은 탁월한 선택이었다.

캐릭터 모양대로 칼 선이 들어간 스티커를 만드는 방법은 '클래스 101'이란 사이트에서 강의를 통해 배웠다. '클래스 101'은 굿즈를 제작하는 강의뿐만 아니라 이모티콘 만들기, 레진, 영어 등등 다양한 분야의 강의가 있는 사이트다. 나는 굿즈 제작에 관한 강의를 하나도 빠짐없이 보았다.

여러 강의를 듣다 보니 나와 맞는 강의가 추려졌다. 그 강의를 집중적으로 공략해서 내 것으로 만들려고 노력했다. 아이가 잠들고 나서야 강의를 들을 수 있어서 피곤했지만 재미도 있었다. 내 그림이 현실로 나타날 생각을 하면 힘이 생겼다.

2장 집에서 시작한 내 작은 사무실

상품 제작에 관심이 쏠리니 모든 것이 제작하고 싶어졌다. 많이 쓰는 물 티슈부터 머그잔, 러그, 에코백 등등 굿즈의 세계는 무궁무진했다. 어떠한 물건만 봐도 내가 만든 캐릭터로 디자인하면 어떤 모습일까 상상하게 되었다. 남편이 사준 아이패드를 발판으로 지금은 굿즈 사업까지 하게 됐으니 운명을 바꿔준 아이패드가 틀림없었다.

Q 그림을 그리는 기기는 꼭 아이패드여야 할까요?

A 그렇지 않아요. 판 태블릿(와콤, 휴이온 등)으로 그려도 되고, 갤럭시 패드로 그려도 돼요. 다만 사용할 수 있는 앱이 달라져요. 기기마다 지원되는 앱이 다르기 때문입니다. 그림 앱 종류는 대표적으로 포토샵, 클립 스튜디오, 프로 크리에이트 등이 있어요. 이 중 '프로 크리에이트'는 애플 OS에서만 사용할 수 있습니다.

Q 아이패드 종류가 많은데, 어떤 것을 사는 게 좋을까요?

A 정말 많이 받는 질문이에요. 저는 2018년도에 출시된 '아이패드 6세대'로 작업하고 있어요. 꼭 최신 기기일 필요는 없지만, 예전 모델은 OS 업데이트 기능이 제한될 수 있습니다. 배터리 기능 또한 저하됐을 확률이 높아요. 중고로 구매한다면 이런 점을 고려하여 구매해야 합니다. 이러한 문제가 없다면 오래된 모델 기기로도 작업하는 데 전혀 문제없어요.
아이패드는 종류에 따라 70만 원대부터 300만 원대까지 다양해요. 많은 작가들이 아이패드 프로 버전을 사용합니다. 아이패드 프로는 액정 크기가 크고, 사양이 좋은 대신 무겁고 액정이 잘 휜다는 단점이 있어요. 휴대성이 중요하다면 아이패드 에어 버전도 추천해요.
개인적으로 액정 크기가 작은 것이 가끔 불편할 때가 있어요. 지금 사용하고 있는 패드에 OS 지원이 더 이상 되지 않는다면, 아이패드 프로 버전을 구매할 예정이에요.

육퇴 후, 방구석 문방구 오픈합니다

내 사무실의 첫 번째 멘토,
유튜브

무언가를 배우고 싶지만 강의비가 부담스러운 경우가 많다. 주변에서 무언가를 배우려고 할 때, 나는 유튜브에서 꼭 찾아보라고 권유한다. 유튜브에는 유료 강의로도 손색이 없을 만큼 좋은 영상들이 많기 때문이다. 영상을 제작하는 사람은 많은 조회수를 위해 질 좋은 정보를 제공한다. 우리는 그것으로 정보와 인사이트를 얻을 수 있으니 서로 상호이익이다.

유튜브의 활용은 내가 어떻게 하느냐에 따라 무궁무진하다. 특히 마케팅이나 재테크와 같은 생소한 분야를 알아볼 때도 많은 도움이 된다. 매년 세금 신고 기간에는 신고 작성 방법에 관한 유튜브 영상을 보고 따라 한다던가, 스마트 스토어에 관한 공부도 많이 참고하고 있다. 일러스트레이터를 사용하다가 막힐 때도 어김없이 유튜브에서 검색한다.

작업 환경을 조성할 때에도 유튜브를 활용할 수 있다. 유튜브에 올라와 있는 카페 ASMR 영상을 틀어놓고 작업하면, 정말 카페에서 일하는 느낌이 든다. 일상이 유튜브에 녹아있다고 해도 과언이 아닐 정도로 나는 대부분을 유튜브와 함께하고 있다.

유튜브의 장점은 여러 분야의 정보를 검색만으로 쉽게 얻을 수 있다는 것이다. 내가 어떠한 주제의 영상을 찾아보면, 알고리즘이 친절하게 내 관심 분야의 영상을 계속 노출해 준다. 대신 잘못된 정보도 많으니 알짜배기 정보를 고르는 안목도 필요하다. 처음부터 이런 안목이 생기지 않는다. 영상을 한 곳에서만 보는 것보다 여러 채널을 보고 나와 맞는 곳을 찾아야 한다. 또한, 법이 개정되거나 기능이 자주 업데이트되는 분야라면 최근에 업로드된 영상을 보는 것이 좋다. 내가 도움을 많이 받았고 지금도 즐겨 보는 채널들을 몇 가지 소개하면 다음과 같다.

1. 프로 크리에이트, 그림 수익화 관련 채널

프로 크리에이트는 아이패드 앱스토어에서 구매 가능한 앱이다. 이는 유료(25년 4월 기준 2만 원대)이며, 한 번 구매하면 평생 쓸 수 있다. 프로 크리에이트는 직관적인 인터페이스는 물론이고, 다양한 브러시를 제공한다. 그림을 그리기 위한 유용한 기능이 많아서 초보자들도 쉽게 사용할 수 있다.

육퇴 후, 방구석 문방구 오픈합니다

출처: 프로 크리에이트 앱

이 앱은 문구 작가는 물론이고 그림 작가, 디지털 캘리그래피, 토퍼 디자인 등 다양한 분야에서 활발하게 쓰이고 있다. 알아두면 쓸모 있는 기능이 많으므로 배워두면 좋다. 유튜브에 프로 크리에이트 강의라고 검색하면 기초 강좌가 많이 올라와 있다. 프로 크리에이트는 기능이 업데이트되니, 최근에 올라온 영상을 보는 것이 좋다.

프로 크리에이트 기초 강좌는 물론, 굿즈 제작까지 참고하기 좋은 채널은 '빨간고래'이다. 아이패드 드로잉, 일러스트레이터와 관련된 공부도 할 수 있다.

출처: 유튜브 빨간고래 채널

2장   집에서 시작한 내 작은 사무실

이 밖에도 그림으로 수익화할 수 있는 다양한 파이프라인을 알고 싶다면 '은지 일러스트레이션(@Eunji.illustration)'을 참고하는 것도 좋다. 다양한 굿즈 제작하는 방법이 궁금하다면 '두부의 작업실(@dubu_studio)' 채널을 추천한다.

2. 마인드 셋을 위한 채널

1인 사업을 운영하다 보면 정신력이 바닥을 칠 때가 온다. 성과가 바로 나오지 않거나 내 예상과 다르게 흘러갈 때 특히 그렇다. 마음이 어지러울 때는 마인드 셋이 중요하다. 이럴 때 주로 보는 채널은 '주언규(@주언규PD)' 채널이다. 마케팅은 물론이고 사업가 정신의 인사이트를 주는 채널이기도 하다. 사업을 하지 않더라도 인생을 살아가는 데 있어서도 중요한 이야기가 많아서 자주 보는 채널이다.

'월급쟁이 부자들 TV(@weolbu_official)'에서는 재테크와 관련된 공부를 하기 적합하다. 사업을 해서 수익을 내는 것도 중요하지만, 그 수익을 지켜내는 것은 더 중요하다. '월급쟁이 부자들 TV'에서는 다양한 전문가, 자수성가한 사업가들의 인터뷰 내용을 볼 수 있다. 전반적인 돈 관리를 어떻게 하면 좋을지 궁금할 때 보는 편이다.

3. 창업 채널

사업을 구상할 당시 공방 운영에 대한 고민이 많았다. 상가에서 임대할지, 집에서 공방을 운영할지 갈피를 잡기 힘들었다. 그때 많은 도움을 받았던 채널은 '라임쌤의 공방 노트(@limenote)'이다. 여기서 공방 창업에 대한 솔직한 이야기를 들을 수 있다. 초반에 의욕에 넘쳐서 보지 못한 현실을 상기시켜 준다. 리얼한 공방 생활이 궁금하다면 참고하는 것을 추천한다.

'요즘 것들의 돈 버는 이야기(@mzmoneystory7)'는 다양한 일로 돈을 버는 사람들을 소개함으로써 영감을 받기 좋은 채널이다. N잡의 시대인 만큼 여러 가지 수단으로 돈을 버는 사람들이 많다. 이 채널에서는 그 사람들을 인터뷰하고, 다양한 이야기를 들려준다. 요즘 뜨는 트렌디한 직업이 무엇인지 궁금하거나 다양한 수익화 루트를 연구하고 싶을 때 참고하면 좋다.

위에 소개한 채널은 극히 일부분이다. 유튜브는 내가 관심 갖는 영상을 위주로 노출하기 때문에 자칫하면 알고리즘 어장에 갇히기 쉽다. 다양한 단어 조합으로 검색하여 살펴보는 것이 좋다. 계정을 여러 가지 만들어서 각 분야에 관련된 영상만 뜨게 만드는 것도 하나의 방법이다. 예를 들면, A 계정은 마케팅 관련 영상만 검색하여 추천 영상도 마케팅과 관련된 것만 나오게 하고, B 계정은 그림 관련 영상만 검색하여 알고리즘을 세팅해 놓는 것이다. 자신이 사용하기 편한 대로 이용하면 된다. 나에게 도움 되는 유튜브 채널 몇 가지만 구독해 놓아도 든든한 선생님 역할을 해줄 것이다.

사장이라는 이름,
10분 만에 태어나다

문구와 캔들 사업을 하기로 마음은 먹었는데, 사업자 등록을 언제 하는 것이 좋을지 고민이 됐다. 일단 사업자 등록부터 하고 사업을 시작할지, 브랜드 홍보를 어느 정도 하고 나서 할지에 대한 고민이었다. 문구 사업은 사업자 등록증이 당장 있지 않아도 판매할 수 있었다.

단, 사업자 등록을 하지 않으면 많은 제약이 있었다. 소품샵에 입점하거나 공공기관에 납품하는 경우에는 사업자 등록이 필수였다. 사업을 지속하려면, 사업자 등록은 어차피 해야 하니 홍보하기 전에 사업자 등록을 하기로 정했다.

사업자 등록증을 발급받는 방법은 두 가지가 있다. 세무서에 직접 방문하거나, 인터넷으로 신청하는 방법이다. (단, 외국인의 경우는 홈택스로 신청이 불가하고, 세무서에 방문해서 신청해야 한다.) 나는 세무서가 멀리 있어서 홈택스(hometax.go.kr)로 신청했다. 인터넷으로 했더니 사업자 등록이 허무할 정도로 간단했다. 신청 방법은 간단하나, 그전에 점검할 부분이 몇 가지 있다.

사업자 등록하기 전에 체크할 점

사업자 등록에 앞서서 회사명을 정해야 한다. 회사명은 특허 정보가 나와 있는 사이트인 '키프리스'를 이용하여 같은 업종에 중복되는 이름이 없는지 확인해야 한다. 중복된 업체명을 사용하면 홍보를 기껏 다 해놓고 업체명을 바꿔야 하는 상황이 생길 수 있기 때문이다. 아래 키프리스 사이트 화면을 보면 검색창이 있다. 이 검색창에 생각해 놓은 회사명을 입력하고 중복되는 업체가 있는지 확인하면 된다.

또한 SNS나 구글에서 검색하여 똑같거나 비슷한 업체명이 있다면 피하는 것이 좋다. 이미 똑같은 이름의 유명한 브랜드가 있다면 내 브랜드를 홍보할 때 불리하다.

출처: 키프리스 사이트(kipris.or.kr)

2장 집에서 시작한 내 작은 사무실

회사명을 정했다면, 간이 과세자와 일반 과세자 중 어떤 것으로 할지 정한다.

- **일반 과세자**: 일반 과세자는 10%의 세율이 적용된다. 물건을 사면서 받은 매입 세금 계산서상의 세액을 전액 공제받을 수 있다는 장점이 있다. 일반 과세자는 세금계산서를 발급할 수 있다. 연간 매출액 10,400만(1억4백만) 원 이상 예상되면 일반 과세자로 등록이 가능하다.

- **간이 과세자**: 간이 과세자는 1.5~4%의 낮은 세율이 적용된다. 신규 사업자나 직전 연도 매출액이 4,800만 원 미만인 사업자는 세금계산서를 발급할 수 없다. 초보 사업자는 간이과세자로 등록하는 것을 추천한다. 만약 올해 매출액이 일반 과세자의 조건이 되면, 다음 연도 7월에 자동으로 전환되며 국세청에서 안내문이 발송된다.

사업자 등록하는 방법

1. 세무서에 직접 방문하는 경우

세무서에 직접 방문하면, 모르는 부분이 있을 때 바로 상담할 수 있다는 것이 장점이다. 신분증은 필수로 지참하여야 하므로 꼭 챙겨가자. 사무실을 계약했다면 임대차 계약서도 가져가야 한다. 공동 사업의 경우에는 동업 계약서를 첨부해야 한다.

2. 홈택스 사이트에서 하는 방법

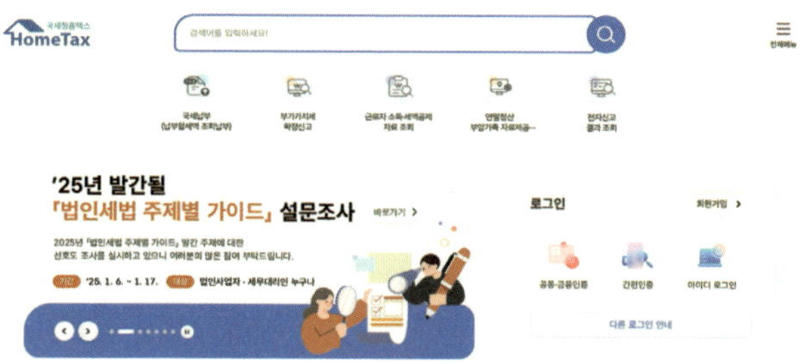

출처: 홈택스 사이트(hometax.go.kr)

온라인으로 하는 방법은 간단하다. 홈택스 사이트에 들어가서 회원가입을 한다. 간편 인증을 할 수 있도록 미리 회원 등록을 해두면 더 편리하게 이용할 수 있다. 회원가입 후 로그인을 하고 우측 상단에 있는 전체 메뉴를 클릭한다.

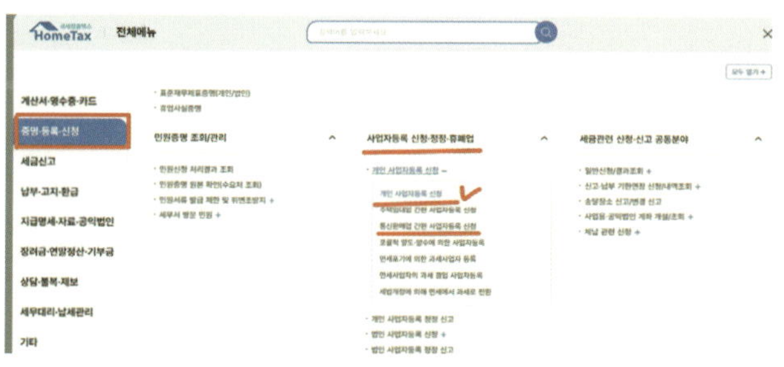

출처: 홈택스 사이트

2장 집에서 시작한 내 작은 사무실

전체 메뉴에 들어가면 좌측 메뉴에 증명·등록·신청이 있다. 이것을 누르면 사업자 등록 신청하는 메뉴가 나온다. 첫 화면에서 바로 보이지 않는다면 스크롤을 내려보면 있을 것이다. 사이트 UI는 자주 바뀌므로 위치로 기억하는 것보다 메뉴명으로 찾도록 한다.

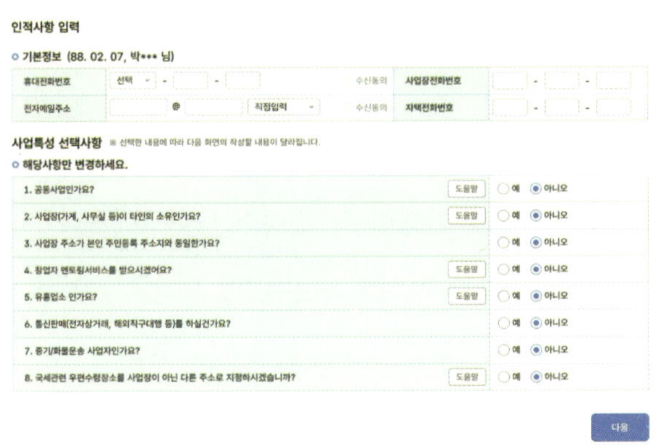

출처: 홈택스 사이트

개인 사업자 등록 신청을 클릭하면 인적 사항을 입력하는 화면이 뜬다. 휴대전화 번호 및 이메일 주소를 입력하고, 해당 사항을 체크하고 다음으로 넘어간다.

육퇴 후, 방구석 문방구 오픈합니다

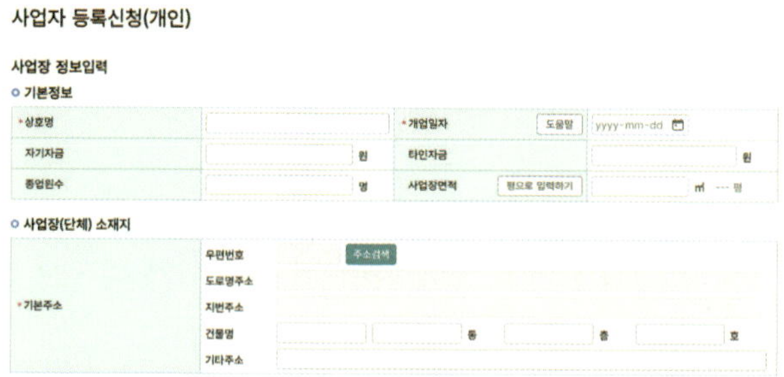

출처: 홈택스 사이트

상호명에 회사명을 입력하고, 개업 일자와 주소도 입력한다. 별표(*) 표시가 되어있는 항목은 필수로 입력해야 한다.

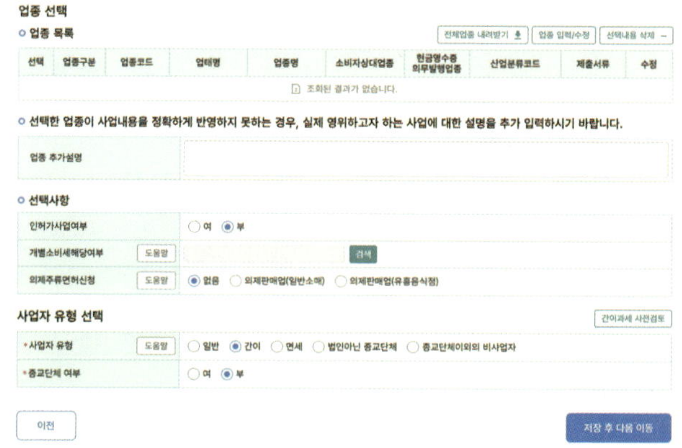

출처: 홈택스 사이트

다음은 업종 코드와 사업자 유형 등을 입력한다. 업종 코드를 무엇으로 해야 할지 모르겠다면, 홈택스에 게시되어 있는 표준산업분류 연계표를 참

83

고하거나 세무서에 전화해서 확인한다. 허가증 사본이나 사업 계획서를 첨부해야 할 때는 추가로 서류 제출을 하고, 해당하지 않으면 신청서를 제출하면 끝이다.

사업용 카드나 계좌를 바로 등록하면 지출 명세가 자동으로 기록된다. 사업자 카드는 따로 만들 필요 없으나, 개인적으로 쓰는 비용과 섞이지 않도록 해야 한다. 여기서 주의해야 할 점은 회사에 다닌 경험으로 직원이었을 때처럼 식대를 사업자 카드로 처리하는 경우가 많은 것이다. 이는 지출 증빙 자료로 쓸 수 없다. 직원이 없는 개인 사업자의 경우, 식대 지출이 업무와 관련 있다는 것을 인정받기 힘들기 때문이다. 이는 세무 조정의 대상이 될 수 있으므로 주의해야 한다.

직원이 있는 경우, 직원의 식비는 복리후생비로 인정받을 수 있으므로 지출 증빙을 보관하고 관리해야 한다. 거래처와의 식사는 업무추진비로 인정받을 수 있으니 적격 증빙을 꼭 보관해놔야 한다.

홈택스 사이트에서 사업자 등록을 마치고 나니 10분도 채 걸리지 않았다. 10분 만에 사장님이 되다니 기분이 이상했다. 통신판매업 신고를 마치고 사업자 등록증을 프린트까지 해놓으니 책임감도 더 묵직하게 다가왔다.

육퇴 후, 방구석 문방구 오픈합니다

사업자 등록할 때 알아두면 좋은 Tip

☐ 매출액이 10,400만(1억4백만) 원 이상 예상되더라도, 초기 투자금이 적으면 간이 과세자로 등록하는 것이 나은 경우가 많다.

☐ 인테리어 같은 시설 투자로 인해, 초기 비용이 크다면 일반 과세자가 유리할 수 있다.

☐ 간이 과세자인 경우, 매출액 4,800만 원 이상이면 세금계산서를 발행이 가능하다. 발행 적용 기간은 해당 매출 기준의 다음 해 7월 1일부터 그 다음 해 6월 30일까지 1년간이다.

(예를 들어 간이 과세자의 2024년 매출이 5,500만 원인 경우, 2025년 7월 1일부터 2026년 6월 30일까지 세금계산서 발행이 가능하다.)

☐ 나에게 맞는 과세자 유형이 무엇인지 모르겠다면, 세무사에게 상담받아 보는 것이 가장 좋다.

☐ 온라인 판매는 통신판매업 등록이 필수다. 통신판매업은 '정부24' 사이트를 통해 온라인으로 신청 가능하다.

2장 집에서 시작한 내 작은 사무실

방구석에 차려진
나만의 문방구

아이가 잠든 고요한 시간. 물을 끓이는 동안 가계부를 작성한다. 오늘의 지출을 쭉 써 내려가다 보면 하루가 정리되는 기분이다. 가계부를 쓴다는 것은 주부로서 나의 일정을 마감한다는 것을 뜻하기도 한다.

이제 출근할 준비를 한다. 커피를 타고 사업 일정표를 체크하면 방구석 문방구 오픈 준비 완료다. 이렇게 방구석에서 일할 수 있는 이유는 온라인으로 운영하는 스마트 스토어 덕분이다. 네이버 스마트 스토어는 초보 창업자여도 부담 없이 나만의 스토어를 개설할 수 있다. 상품 등록부터 택배 관리, 공지 사항 등을 관리하기도 쉽다.

스마트 스토어 센터에서 주문 명세를 확인하고 포장을 시작한다. 다음 날 아침에 택배를 부치기 위해서다. 우리 동네 택배 기사님은 오전 10시쯤에 1차로 택배를 수거하신다. 2차 수거 시간은 오후 5시쯤이다. 오전에 수거된 택배들은 거의 다음 날 도착해서 웬만하면 오전 9시에 모든 택배를

육퇴 후, 방구석 문방구 오픈합니다

부친다. 택배를 빨리 받고 싶은 마음은 누구보다 잘 아니까 말이다.

스마트 스토어의 최대 장점은 수수료가 적고 정산이 빠르다는 것이다. 구매자가 구매 확정을 하면 보통 3일 안에 정산된다. 소품샵이나 팝업 스토어에 입점하는 경우, 통상적으로 익월 말에 정산되는 경우가 많다. 이렇게 보면 스마트 스토어 정산이 얼마나 빠른지 알 수 있다. 빠른 금전 회전은 사업하는 데 많은 도움이 된다. 이제 스마트 스토어를 오픈해 보자.

스마트 스토어 개설하는 방법

스마트 스토어는 네이버에서 운영하는 시스템이다. 네이버 회원가입은 필수이다. 스마트 스토어 센터에서 모든 스토어 관리가 이루어진다. 스마트 스토어를 개설하기 위해서는 우선, 스마트 스토어 센터 홈페이지(smartstore.naver.com)에서 가입하기를 클릭하고 절차에 따라 진행하면 된다.

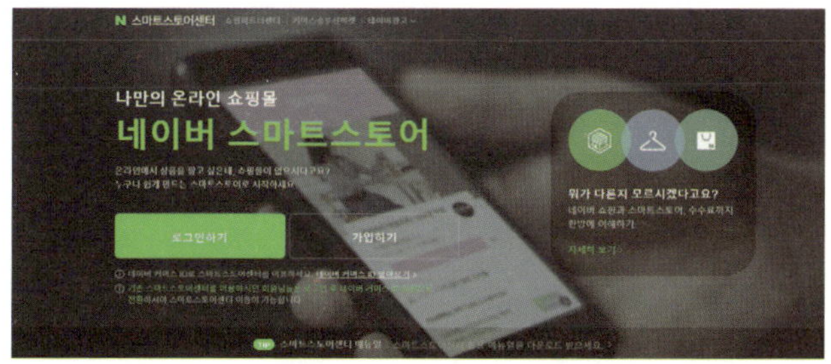

출처: 네이버 스마트 스토어 센터 홈페이지

2장　집에서 시작한 내 작은 사무실

1회성 거래가 아닌 이상, 사업을 지속할 것이라면 처음부터 사업자 등록을 등록하는 것을 추천한다. 매출이 크다면 사업자를 처음부터 등록하는 것이 세금 면에서도 유리하다. 스마트 스토어를 개설하는 것은 회원가입 형식으로 입력하면 끝이기에 간단하다. 문제는 상세 페이지다. 제품 사진까진 어찌어찌 찍었는데 상세 페이지는 어떻게 만들어야 할까? 스마트 스토어 센터에서 '스마트 에디터 원'으로 글을 작성하고 간단한 편집을 할 수 있지만, 제품을 돋보이게 하기 위해서는 좀 더 예쁘게 꾸미는 것이 고객의 시선을 사로잡는다. 포토샵을 할 줄 몰라도 예쁘게 꾸밀 수 있는 방법이 있다.

상세 페이지 꾸미는 방법

나는 주로 디자인 작업을 할 수 있는 '미리캔버스'를 이용한다. 미리캔버스와 비슷한 사이트는 '망고보드', '캔바' 등이 있다. 사용할 수 있는 꾸미기 요소와 템플릿에 차이가 있을 뿐, 사용 방법은 모두 비슷하다. 내가 쓰기 편한 사이트를 이용하면 된다.

육퇴 후, 방구석 문방구 오픈합니다

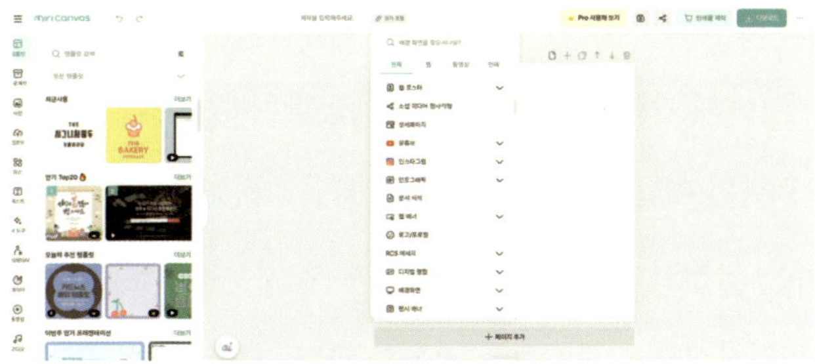

출처: 미리 캔버스(miricanvas.com)

미리캔버스는 유튜브 섬네일부터 카드 뉴스 제작, 상세 페이지 등 다양한 템플릿을 제공하고 있다. 사진 크기 조절부터 색상 필터를 바꾸는 것은 물론이고, 꾸밀 수 있는 요소도 다양하다. 왕관 아이콘이 붙어 있는 것은 유료 회원이어야 쓸 수 있다. 무료 회원이어도 충분히 꾸밀 수 있는 것이 많으니 처음부터 유료 결제를 하지 않아도 된다.

폰트도 다양하게 선택할 수 있다. 폰트가 상세 페이지에 주는 영향은 생각보다 크다. 귀여운 느낌의 제품이라면 궁서체보다는 귀여운 폰트가 더 잘 어울린다. 제품과 폰트의 분위기를 통일하면 고객에게 정돈된 느낌을 줄 수 있다. 폰트를 고를 때는 가독성도 고려하여 정하는 것이 좋다.

포장 재료, 박스는 어떻게 구매해야 할까?

제품을 포장할 때 쓰이는 비닐은 'OPP 비닐'이다. 처음에 이 용어를 몰라서 검색하는 데 애를 먹었다. OPP 비닐에는 접착식과 비접착식이 있다. 접착식은 끈끈한 부분이 있어서 접착하여 동봉할 수 있는 비닐을 말한다. 주로 쿠키가 포장된 비닐을 생각하면 된다.

비접착식은 접착할 수 있는 부분이 없어서 윗부분이 뚫려있다. 엽서와 스티커는 비접착식으로 포장하는 경우가 많다. 브랜드명을 인쇄한 헤더를 호치키스로 마무리하는 포장 방법에도 사용된다. 접착식보다 저렴한 경우가 많으므로 용도에 맞게 구매하자.

OPP 비닐은 네이버에 검색해서 최저가인 곳에서 주로 구매한다. 급할 때는 쿠팡 로켓 배송을 이용하기도 한다. 대표적인 곳은 '비닐 닷컴', '혜림 봉투' 등이 있다. 어디서 구매하든 양이 많아질수록 단가는 저렴해진다. 초반에는 단가가 좀 높더라도 한 번에 많은 양을 사는 것은 추천하지 않는다. 제품의 두께와 크기에 따라, 예상과 달리 예쁘게 포장되지 않을 수도 있기 때문이다.

초반에 가장 많이 하는 실수는 제품 크기와 너무 딱 맞는 크기를 구매하는 것이다. 예를 들어 제품의 가로 크기가 12cm라면, OPP 비닐의 가로 크기는 최소한 12.5cm 이상인 것을 구매해야 한다. 두께가 두툼하다면 여유 공간은 훨씬 넉넉해야 비닐이 찢어지지 않는다. 그렇다고 크기가 너무 넉넉하면 제품과 어울리지 않는 모양새가 되어버린다.

박스 크기도 마찬가지다. 높이까지 고려하여 충분한 크기를 구매해야 낭

육퇴 후, 방구석 문방구 오픈합니다

패를 보지 않는다. 너무 큰 박스를 구매하면 제품이 박스 안에서 굴러다녀 손상될 확률이 높아지고, 박스 무게도 많이 나가서 택배비 단가가 올라간다. 박스는 '박스몰'이나 '박스모아' 같은 곳에서 구매하면 된다.

여력이 된다면 방산시장에 방문하는 것도 추천한다. 방산시장에는 여러 포장재를 판매하는 곳이 모여있다. 유행하는 포장 방법이나 용품을 연구하기 좋다. 방산시장에서 샘플로 몇 가지만 구매해서 제품을 직접 포장해 보고, 마음에 들면 대량 구매하는 방법도 있다. 방구석 문방구의 오픈 준비는 이제 끝났다. 제품을 만들고 포장을 했다면, 이제 홍보에 힘쓰는 일만 남았다.

2장 집에서 시작한 내 작은 사무실

5

SNS 없인 들리지 않는
나의 말

1인 사업에서 가장 중요한 것은 마케팅이라고 해도 과언이 아니다. 아무리 예쁘고 좋은 제품을 제작했다 해도 사람들이 모르면 판매는 이루어지지 않는다. 제품을 판매하기 위해서가 아니더라도 브랜드 홍보를 위해서 SNS는 필수이다. 무료인 데다 많은 사람에게 노출할 수 있는 것만큼 SNS 만한 게 없다.

SNS에는 여러 종류가 있다. 페이스북, 인스타그램, 유튜브, 블로그, X(구 트위터), 스레드 등 다양하다. 현실적으로 이것들을 모두 하기는 어렵다. 우리는 이것 말고도 할 일이 많기에 나와 맞는 SNS를 집중 공략해야 한다. 그래야 꾸준히 할 수 있다. SNS는 적어도 두 가지 정도는 하는 것이 좋다. SNS의 성격을 알아보고 나에게 맞는 것은 무엇인지 생각해 보자. 가장 좋은 방법은 직접 해 보는 것이다.

어떻게 여러 채널을 관리하는지, 시간이 너무 오래 걸리는 것은 아닌지

육퇴 후, 방구석 문방구 오픈합니다

걱정될 수 있다. 막상 해 보면 생각보다 오래 걸리지 않는다. 제작한 영상을 여러 채널에 중복으로 업로드할 수 있기 때문이다. 1분짜리 영상을 만들고 이 영상을 유튜브 '숏츠'. 인스타의 '릴스', 블로그의 '클립'에 올리는 것이다. 여러 채널에 올릴수록 그 영상의 노출 확률이 올라가는 것은 당연하다. 길에서 전단지를 뿌리는 대신 온라인에 홍보 전단지를 뿌린다고 생각하자. 여러 가지 SNS 종류가 있지만 내가 주로 운영하는 SNS 세 가지를 소개하면 아래와 같다.

1. 유튜브

유튜브의 장점은 긴 영상을 업로드할 수 있다는 것이다. 유튜브는 브이로그나 강의 영상을 올리기에 적합하다. 유튜브는 구독자 수가 적더라도 다른 SNS에 비해 노출이 잘 된다는 장점이 있다.

나는 주로 인스타그램을 위주로 했기 때문에 유튜브는 뒤늦게 시작했다. 그래서 조회수가 적은 편인데, 오프라인 행사에서 유튜브를 보고 왔다는 분들이 생각보다 많아서 깜짝 놀랐다. 심지어 유튜브 영상을 잘 보고 있다며 팬이라는 분도 나타났고, 인스타그램 DM으로 응원 메시지를 받기도 했다. 이 계기로 유튜브를 놓으면 안 되겠다고 생각했다.

긴 영상이 부담된다면 1분 정도의 짧은 영상인 '숏츠'를 업로드하는 것도 좋다. 나는 오프라인 행사에 나가기 위한 준비 과정이나 제작한 제품을 언박싱하는 과정을 올리고 있다. 사업을 운영하는 일상을 브이로그 영상으로

2장   집에서 시작한 내 작은 사무실

만들어서 올리기도 한다. 글 쓰는 게 어렵다면 영상부터 촬영해 보자.

2. 인스타그램

인스타그램은 나에게 가장 익숙한 채널 중 하나이다. 그래서 그런지 꾸준히 활동하기에 어려움이 없었다. 인스타그램은 사진과 글을 쉽게 올릴 수 있는 것이 장점이다. 글을 길게 쓰지 않아도 되어서 부담스럽지 않다. 릴스 동영상은 최대 90초까지 올릴 수 있는데 1분 미만 영상으로 올리는 것이 유행이다.

최근 인스타그램은 사진 게시물 장수와 릴스 시간을 늘리는 시도를 하고 있다. 인스타그램은 기능을 추가할 때, 랜덤으로 몇몇 사람에게 시범 적용을 한 뒤에 확정하는 경우가 많다. 인스타그램의 업데이트 기능을 꾸준히 체크하여 활용할 수 있는 기능이 있는지 살펴보자.

브랜딩을 위한 인스타그램은 비즈니스 계정으로 만드는 것이 좋다. 비즈니스 계정은 설정 및 활동 〉 비즈니스 도구 및 관리 옵션 〉 계정 유형 전환에 들어가서 크리에이터 계정으로 전환하면 된다. 그래야 인사이트(통계)를 확인하거나 광고 기능을 사용할 수 있다.

프로필에 여러 가지 링크를 연결할 수 있는 '링크 트리'나 '리틀리', '링크 바이오' 등을 사용하면 더 많은 채널을 홍보할 수 있다. 스마트 스토어는 물론이고 유튜브, 블로그 등의 주소를 연결해 놓고 고객들의 유입을 기대

할 수 있다.

인스타그램의 스토리 기능도 적극적으로 활용하는 것을 추천한다. 스토리에 올려놓은 것은 24시간 이후에 사라진다. 공지 사항이나 한시적인 이벤트를 열 때 스토리 기능을 사용하면 좋다. 물론, 스토리에 올렸던 글을 게시글에 고정하는 것도 가능하다. 반대로 게시글을 스토리에 동시에 올릴 수도 있다.

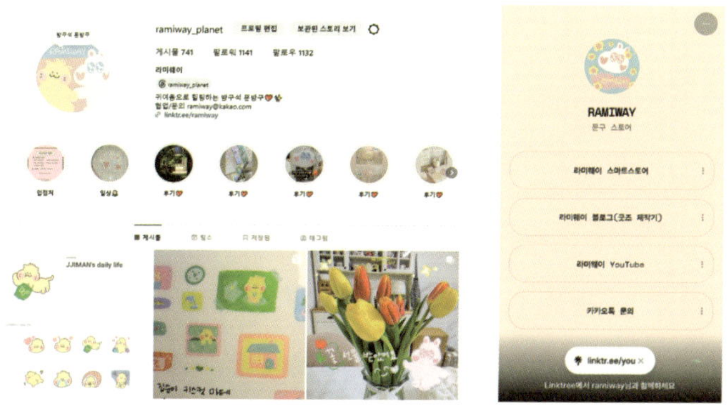

출처: 라미웨이 인스타그램(링크 트리를 이용해 여러 채널을 모아 놓을 수 있다.)

프로필에는 브랜드 소개와 외주나 협업 제안이 들어올 수 있으므로 메일 주소를 기재해 놓는다. 인스타 게시글은 최대 세 개까지 상단에 고정할 수 있다. 공지 사항이나 신제품 사진 등을 프로필에 고정해 놓으면 게시글을 올려도 뒤로 밀리지 않는다. 게시글을 고정하는 방법은 게시글 오른쪽 위에 점 세 개가 세로로 되어있는 것을 누르고, '내 프로필에 고정'을 체크하

2장　집에서 시작한 내 작은 사무실

면 된다. 고정을 해제하는 방법도 동일하다.

　인스타그램은 페이스북도 연동할 수 있다. 게시글을 페이스북에 동시 업로드를 할 수 있다. 최근 인스타그램은 X(구 트위터)와 비슷한 '스레드'를 도입했다. 스레드에 홍보하여 매출을 증가시키는 사례가 점점 늘고 있으니, 같이 하는 것을 추천한다.

3. 네이버 블로그

　블로그는 글 위주의 SNS라고 할 수 있다. 영상보다는 긴 글을 게시하기에 적합하다. 최근 블로그가 다시 활기를 띠면서 네이버에서도 여러 가지 기능을 추가하고 있다. 라미웨이의 경우 일상 글은 물론, 굿즈를 제작하는 과정을 기록하는 곳으로 활용하고 있다. 굿즈를 제작하면서 어려웠던 점, 주의해야 할 점 등 정보 위주의 글을 쓰기에 좋다. 정보를 수집할 때, 네이버에서 검색하는 때도 많으므로 블로그 역시 좋은 홍보 수단이다.

　글 위주였던 블로그에도 영상을 위한 공간이 생겼다. 바로 '클립'이다. 클립은 도입된 지 얼마 안 돼서 인스타그램이나 유튜브보다 영상 노출이 잘 되는 편이다. 같은 영상이라도 어디에서 반응이 터질지 모르니 여러 곳에 업로드를 해놓자.

　블로그는 나를 위한 기록이기도 하고, 언젠가 굿즈 제작 강의를 위한 대본이기도 하다. 나의 경험이나 생각은 시간이 지나면 점점 희미해진다. 그

육퇴 후, 방구석 문방구 오픈합니다

래서 되도록이면 잊기 전에 기록하려고 한다. 블로그에 글을 쓰면서 배운 내용이 머릿속에 정리되기도 한다. 영상을 만드는 것이 어려운 사람은 블로그가 적성에 맞을 확률이 높다.

어떤 SNS를 하든지, 나와 맞는 것을 해야 꾸준히 할 수 있다. 어려워 보인 것이 막상 해 보면 쉽고 재미있을 수 있다. 영상으로 만든 게시글이 노출이 잘 되는 추세이기에 간단한 영상 편집은 할 수 있는 것이 좋다. 영상으로 더 다채로운 홍보를 할 수 있다.

요즘은 영상을 편집하는 앱이 잘 나와서 휴대전화만으로도 충분히 가능하다. 편집을 전혀 해 본 적 없는 초보자도 쉽게 할 수 있다. 메뉴가 직관적으로 되어있어서 독학만으로도 어느 정도 숙지할 수 있다. 영상 편집 프로그램은 '캡컷(CapCut)', '블로(vllo)' 등이 있다. 유료 버전을 쓰면 더 다양한 편집 기술을 사용할 수 있지만 무료 기능만 써도 충분하다.

요즘 딸아이가 유튜브 영상에 부쩍 관심을 가져서 캡컷 앱으로 촬영하고 편집하는 방법을 알려 주었다. 8살 아이도 하루 만에 바로 적용하고 할 수 있을 정도로 간편하게 되어있다. 겁먹지 말고 해 보자.

2장   집에서 시작한 내 작은 사무실

SNS 이용 시 꼭 알아두어야 할 보안 Tip

SNS 해킹 사례가 점점 늘어나고 있다. 특히 브랜드 계정이나 비즈니스 계정일 경우, 해킹 피해는 단순한 개인정보 유출을 넘어 신뢰도 손상과 매출 손실로도 이어질 수 있다. 계정을 만들었다면 반드시 보안 설정도 함께 점검하는 것이 좋다. 대부분의 SNS 플랫폼에는 '보안'이나 '개인정보 설정' 메뉴가 있고, 그 안에서 2단계 인증을 설정할 수 있도록 되어있다. 2단계 인증은 해킹 위험을 줄이는 가장 기본적이고 효과적인 방법이다. 꼭 이중 보안으로 설정해 두자.

육퇴 후, 방구석 문방구 오픈합니다

도전 속에서 찾아온
작은 기회

오늘 계속 배우고 성장하지 않는다면, 내일은 아무 기회도 오지 않을 것이다.

- 찰리 멍거

스마트 스토어를 개설했지만, 주문 건은 한 달이 넘도록 0건이었다. 지인들의 주문만 가끔 들어올 뿐이었다. 스마트 스토어를 고객들에게 노출하기란 생각보다 더 어려웠다. 업체를 통해 광고해서 노출하는 방법도 있지만 광고비가 만만치 않았다. 이와 관련된 사기 업체도 많아서 조심스럽기도 했다.

내가 할 수 있는 방법은 얼마 없는 제품 수를 늘리고 SNS에 홍보하는 일뿐이었다. SNS는 무료이니 최대한 활용해 보기로 했다. 언젠가는 일러스트 페어에 나가는 것을 목표로 삼았다. 나만의 부스를 상상하며 신상품을 하나씩 늘려갔다. 테이블 하나를 채워서 전시하려면 여러 가지 제품이 필요했다. 판매 테이블이 휑하면 내가 고객이라도 구경하고 싶은 마음이 들지 않을 것 같았다. 그러던 어느 날, 인스타 DM이 왔다.

"입점 제안 드립니다."

소품샵의 입점 제안이었다. 인스타 팔로워가 겨우 200명 정도였을 때라, 처음엔 신종 사기인가 싶었다. 인스타그램에서 팔로워 200명이란 것은, 수많은 섬 중에서 무인도나 다름없는 존재이다. 작디작은 브랜드에 입점 제안이라니 사기를 의심하는 건 당연했다. 아직 브랜드라고 하기에도 민망한 수준이었기 때문이다. 경계하며 알아본 결과, 다행히 사기가 아니었다. 실존하는 소품샵의 사장님이 직접 제안하신 것이었다. 심지어 입점하는 조건도 좋았다.

보통 소품샵에 입점하려면 입점료와 수수료 둘 다 있는 경우가 많다. 입점료는 만 원부터 5만 원 정도 선이다. 물론 그 이상도 있다. 수수료는 25%~50%까지 다양하다. 간이 사업자는 세금계산서를 발행할 수 없어서 일반 과세자보다 수수료가 높은 경우가 많다. 제안받은 조건은 입점료 무료에다가 수수료 30%였다. 나로선 거절할 이유가 없었다.

입점료가 없기에 내 물건이 팔려야 사장님에게 이익이 생긴다. 사장님이 보기에 팔릴 만한 물건 같으니 입점 제안을 했을 것이다. 그렇게 생각하니

육퇴 후, 방구석 문방구 오픈합니다

'내 눈에만 귀여운 게 아니었어!'라는 마음에 신이 났다. 사장님의 입점 제안은 나에게 큰 용기를 불어주었다. 그래서 다른 소품샵에도 제안서를 몇 군데에 넣어봤다. 소품샵 사장님의 입점 제안이 없었다면 먼저 제안서를 넣어볼 생각은 꽤 나중에나 했을 것이다.

적극적인 입점 제안을 한 결과, 총 다섯 군데에 입점하게 되었다. 이렇게 바로 입점할 수 있었던 건 여러 가지 제품을 미리 만들어놨기에 가능한 일이었다. 입점 제안이 와도 준비된 제품이 없으면 입점할 기회는 날아갔을 것이다.

스티커 하나를 만든다고 하면 제작 기간은 최소 일주일은 잡아야 한다. 이 기간은 업체에 도안을 넘기고 나서부터 순수 제작 기간이다. 스티커를 배송받으면 불량 검수, 재단, 포장까지 해야 한다. 그전에 디자인을 구상하고 칼 선 따는 작업까지 하려면 더욱 넉넉한 기간을 잡아야 한다. 소품샵에 입점 계약을 하면, 빠른 시일 내에 제품 입고를 요구하기 때문에 재고가 준비되어 있어야 입점이 수월하다.

갑자기 입점 제안을 받았던 것처럼 기회는 언제, 어디서 올지 모른다. 내가 준비될 때까지 세상은 기다려주지 않는다. 나에게 기회가 온다면 어떤 준비를 해놓아야 할지 생각해 보고 차근차근 해 나가야 한다.

사소한 준비도 괜찮다. 목표를 달성하기 위해 내가 당장 할 수 있는 일이

2장 집에서 시작한 내 작은 사무실

무엇인지 생각해 보자. 하나씩 진행하다 보면 기회가 온다. 기회를 내가 먼저 찾아보는 것도 방법이다. 인스타에서 소품샵 입점 공고를 검색하면 입점 공고가 뜬다. 제안서는 주로 인스타 DM이나 메일로 제출하면 된다.

제품들을 올려놓은 인스타나 스마트 스토어 주소 링크를 첨부하면 되지만, 아래와 같이 룩북을 따로 만들어서 함께 제출하기도 한다. 룩북은 브랜드에 대한 간단한 소개와 어떤 제품들이 어떤 것이 있는지 제품 사진을 첨부하면 된다. 제품의 가격대를 중시하는 소품샵도 있으므로 평균 가격을 같이 게시하는 것도 도움이 될 것이다.

룩북 예시

제안서를 넣었다고 해서 바로 계약으로 이어지는 것은 아니다. 제안서를 넣었는데 답장이나 연락이 없다면 거절의 의미이다. 처음엔 거절됐다는 마음에 '내 제품이 별로인가? 상품성이 없나?' 하고 상심했었다.

육퇴 후, 방구석 문방구 오픈합니다

보통은 크게 두 가지의 이유로 거절된다. 제품 수가 너무 적거나 소품샵이 추구하는 분위기와 맞지 않아서이다. 혹여나 거절당해도 기죽을 필요 없다. '여기와 결이 맞지 않는구나.'하고 넘기면 되는 일이다. 내 제품과 어울리는 분위기의 소품샵에 제안하면 수락될 확률이 높아진다. 오프라인 소품샵은 한 동네에 여러 군데를 입점할 수 없어서 입점을 못 하는 상황이 오기도 한다.

온라인 쇼핑몰에 입점하는 방법도 있다. 라미웨이는 디자인 전문 쇼핑몰인 '텐바이텐'과 핸드메이드 전문 쇼핑몰인 '아이디어스'에도 입점을 했었다. 재고의 순환 때문에 지속적인 입점이 부담스럽다면, 일정 기간 동안 행사하는 팝업 스토어에 참여하는 방법도 있다. 팝업 스토어에 참여하면 오프라인에서는 어떤 제품이 잘 팔리는지 파악할 수 있는 기회가 된다.

☐ 소품샵 분위기와 내 브랜드 상품이 어울리는가?
☐ 매장 홍보에 적극적인가?
☐ 계약 기간은 최대 3개월 이내인가?
☐ 입점료와 수수료는 적절한가? (입점료는 무료~3만 원 선이 적당하다. 개인적인 경험으로는 수수료는 40%가 넘어가면 부담되었다.)
☐ 주변 인프라는 어떠한가? (학교나 역 근처인 경우나 유동 인구가 많은 곳이 좋다.)
☐ 휴무가 잦은지, 영업시간이 지나치게 짧은지도 체크하자.

판매만 할 것인가?
제작까지 할 것인가?

인스타그램을 하다 보면 공구(공동구매) 계정을 자주 접한다. 아이랑 동갑이라 서로 교류하던 인친(인스타 친구)들이 어느 날부터인가 공구를 시작하는 경우가 종종 보였다. 아이를 키우면서 할 수 있어서 주부들이 하기 좋아 보였다.

물건을 판매하는 방법은 여러 가지 루트가 있다. 우선 공장과 직접 계약을 해서 인스타나 네이버 밴드에서 공구 마켓을 열고 판매하는 방식이다. 아니면 '도매꾹' 같은 도매 사이트에서 물건을 구매하고 스마트 스토어, 11번가, 옥션과 같은 판매 사이트에 물품을 등록해서 판매하는 방법이 있다. 또한 알리 익스프레스나 타오바오 같은 곳에서 해외 상품을 구매 대행하기도 한다.

제품이 이미 제작된 것을 판매한다면, 제작 업체를 찾지 않아도 되고 시간도 절약할 수 있다. 그래서 초보자들도 접근하기 쉽다는 것이 장점이다. 하지만 그만큼 똑같은 것을 파는 곳도 많아서 가격 경쟁은 치열해진다. 이러한 점이 나에겐 매력이 없었다.

나한테서만 구매할 수 있는 고유한 제품을 판매하고 싶었다. 디자인은 내가 직접 하되, 업체에 맡겨서 제작하기로 했다. 제작을 맡기려니 업체를 찾는 것부터 막막했다. 검색하면 많은 제작 업체가 나오는데 후기가 없어서 불안했다. 여기서 하는 게 맞는지 의문도 들었다. 그래서 그런지 블로그에 굿즈 제작하는 과정을 올리면 "이런 건 어디서 제작하나요?"라는 질문을 많이 받는다.

유튜브와 블로그를 통해 업체의 제작 후기를 최대한 수집했다. 그리고 마음에 드는 업체를 찾을 때까지 샘플을 만들었다. 문구 사업을 하지 않더라도 브랜드 홍보를 위해 포장 패키지를 제작한다거나 명함, 전단지를 제작하는 방법을 알아두면 좋다. 외주를 맡기는 방법도 있지만 비용이 만만치 않다. 직접 하면 단가가 훨씬 저렴해지고, 디자인을 서로 조율하느라 시간을 뺏기지도 않는다. 앞서 소개했던 미리 캔버스나 망고보드에서 나만의 명함이나 스티커를 디자인하고 저장한 다음, 제작 사이트에서 제작하면 포토샵을 할 줄 몰라도 나만의 굿즈를 만들 수 있다.

여러 제작 업체가 있지만 성원 애드피아, 애즈랜드 등이 대표적이다. 도무송 스티커부터 명함, 봉투, 템플릿, 메모지 등 제작이 가능하다. 인쇄 작업 특성상 잉크 번짐이나 점 찍힘 등이 몇 개 있을 수 있으니, 수량을 넉넉하게 제작하는 것을 추천한다.

출처: 성원 애드피아 홈페이지

모든 제작 업체 사이트에는 작업 가이드가 있다. 가이드를 미리 확인하지 않으면 수정해야 하는 번거로움이 생긴다. 이 가이드는 사이트마다 다르니 꼭 확인해야 한다. 제출하는 파일 형식부터 다르다. 어떤 업체는 JPEG 형식을 요구하고, PDF 파일을 요구하기도 한다. 제작할 때 필요한 여백 크기도 업체마다 다르므로 도안 작업을 하기 전에 작업 가이드부터 꼼꼼히 체크하도록 한다. 가이드를 봐도 이해되지 않는 부분은 1:1 상담 채팅을 통해 문의하면 친절하게 도와준다.

제작 시 주의할 점

스티커나 명함 같은 인쇄물을 제작할 때는 몇 가지 주의할 점이 있다. 이를 지키지 않으면 색감이 탁하게 나오거나 화질이 깨질 수 있다. 아래 항목들을 주의하면 실패 요인을 줄일 수 있다. 특히 저작권의 경우는 법적인 문제까지

육퇴 후, 방구석 문방구 오픈합니다

이어질 수 있으니 주의해야 한다. 보통 사진에 대한 저작권은 조심하는데, 폰트도 저작권이 있다는 것을 모르는 경우가 많다. 폰트 역시 저작권에 위반되면 안 되므로 상업적으로 이용할 수 있는지 꼭 점검하고 사용해야 한다.

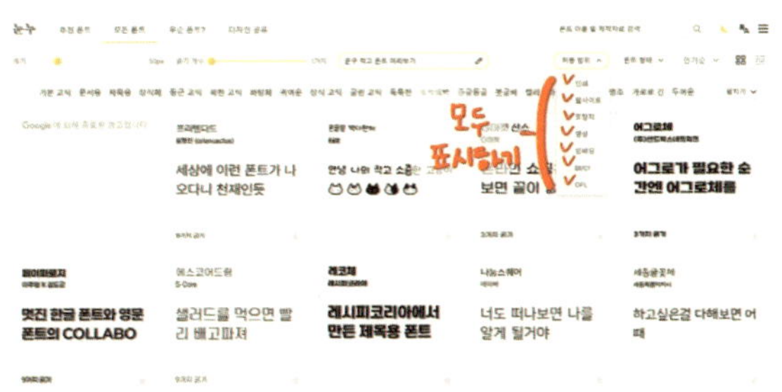

출처: 눈누 사이트

방구석 창업, 이런 게 필요해요

굿즈 제작, 실패 줄이는 방법

☐ 색상은 CMYK 또는 인쇄용으로 작업한다.

☐ 해상도는 dpi 300 이상으로 설정한다.

☐ 원하는 색감보다 약간 밝게 설정한다. (채도를 높게 설정한다.)

☐ 사진과 폰트는 꼭 상업적 이용이 가능한 것을 사용한다.

☐ 폰트 이용 시 '래스터화' 하여, 글씨가 깨지지 않도록 한다.

☐ 저작권 없는 사진이 있는 사이트: 픽셀스, 언플래쉬, 픽사베이 등

☐ 상업적 이용이 가능한 폰트가 있는 곳: 눈누(noonnu.cc)와 마이폰트(myfonts.com)

2장 집에서 시작한 내 작은 사무실

무료 폰트 사이트로 유명한 눈누 사이트를 예를 들어 살펴보겠다. 눈누 사이트에서 오른쪽 위를 보면, 허용 범위 표시를 하는 부분이 있다. 안전하게 모두 표시하고 검색한다. 마음에 드는 폰트를 누르고 들어가면 라이선스 요약표가 친절하게 나와 있다. 허용 여부에 동그라미 표시가 되어있는지 확인한다.

아래에 나와 있는 표는 허용 여부에 모두 동그라미 표시가 되어있으므로, 포장지에 써도 되고 브랜드명에 사용해도 되는 폰트라는 의미이다. 단 폰트 파일을 유료로 판매하는 것은 금지되어 있다고 적혀 있으니, 이를 위반해선 안 된다.

라이선스 요약표

카테고리	사용 범위	허용 여부
인쇄	브로슈어, 포스터, 책, 잡지 및 출판용 인쇄물 등	○
웹사이트	웹페이지, 광고 배너, 메일, E-브로슈어 등	○
포장지	판매용 상품의 패키지	○
영상	영상물 자막, 영화 오프닝/엔딩 크레딧, UCC 등	○
임베딩	웹사이트 및 프로그램 서버 내 폰트 탑재, E-book 제작	○
BI/CI	회사명, 브랜드명, 상품명, 로고, 마크, 슬로건, 캐치프레이즈	○
OFL	폰트 파일의 수정/ 복제/ 배포 가능. 단, 폰트 파일의 유료 판매는 금지	○

＊ 위 사용범위는 참고용으로, 정확한 사용범위는 이용 전 폰트 저작권자에게 확인바랍니다.
사용범위는 저작권자의 규정에 따라 달라질 수 있습니다.
저작권자는 페이지 상단의 폰트 이름 밑에 있습니다.

출처: 눈누 사이트

색감은 포토샵에서 조정할 수 있지만 포토샵을 할 줄 몰라도 괜찮다. 미리 캔버스 같은 사이트를 이용하면 된다. 여기서 크기, 밝기, 대비, 채도 등

육퇴 후, 방구석 문방구 오픈합니다

을 조절할 수 있다. 여러 가지 필터도 있으니 마음에 드는 것으로 골라서 쓰면 된다.

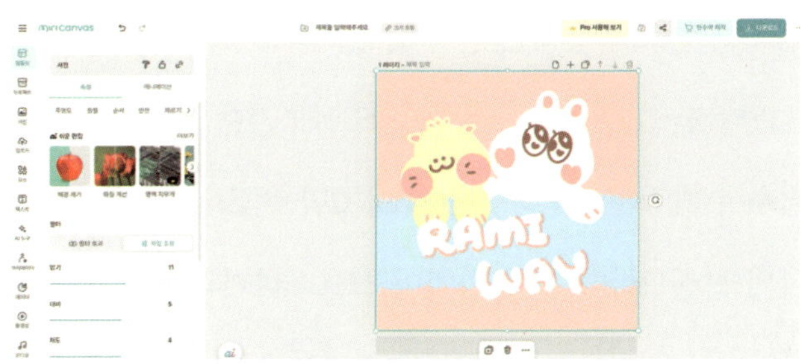

출처: 미리 캔버스

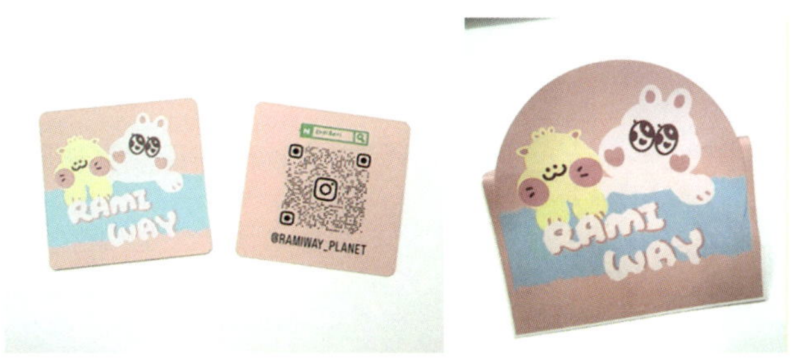

같은 도안으로 만든 명함과 도무송 스티커

같은 도안으로 명함과 도무송 스티커를 제작해 보았다. 도무송 스티커는 비닐이나 박스에 부착할 때 주로 쓰고 있다. 이렇게 스티커나 포장 패키지로 나의 브랜드 로고를 노출하는 것만으로도 브랜드 고유의 색깔을 나타낼 수 있다.

2장   집에서 시작한 내 작은 사무실

도안이 언제, 어떻게, 어떤 굿즈로 탄생할지 모르기에 캔버스의 픽셀 크기를 넉넉하게 그리는 것이 좋다. 크기를 줄이는 것은 문제가 되지 않지만, 작은 크기를 크게 늘리면 화질이 깨질 수 있다. 나는 주로 가로, 세로 3000×3000 픽셀 크기로 작업하는 편이다.

도무송 스티커의 경우, 제작 비용은 500매 기준으로 만 원 내외이다. 크기가 커질수록 가격은 올라가지만 보통 2만 원을 넘지 않는다. 저렴한 비용으로 나의 브랜드를 홍보할 방법이므로 스티커와 명함 제작을 꼭 해 보길 추천한다.

극소심 I형 내향인의
오프라인 행사

문구 세계에서는 삼성 코엑스에서 열리는 '일러스트 페어'를 큰 행사로 꼽는다. 주최하는 업체가 다를 뿐, 행사가 진행되는 형식은 거의 비슷하다. 행사는 보통 지정된 부스에 물품들을 전날에 진열하고, 3~4일간 진행된다. 행사에 참여하는 작가들이 많아서 1년 전쯤부터 포트폴리오를 제출하고 선정되어야 페어에 참여할 수 있다.

오프라인 행사에 참여하는 이유는 확실한 고객층이 모이기 때문이다. SNS로 하는 홍보는 많은 사람에게 게시물을 노출할 수 있다는 장점이 있지만, 그 많은 사람이 내 제품에 관심이 있을지는 미지수다. 그에 반해, 일러스트 페어에 방문하는 사람들은 적어도 일러스트에 관심이 있는 사람들이다. 소위 말해 '찐 고객(진짜 고객)'을 만나기 위해서 오프라인 행사를 참여하는 것이다. 이런 장점이 있지만 오프라인 행사에 참여하는 것에 많이 망설였다. 그 이유는 세 가지였다.

1. 부스 비용이 비싸다

부스 크기가 2m×2m라면, 한 부스당 70~100만 원 정도의 비용이 든다. 테이블, 의자, 콘센트 등을 추가하면 각각의 비용을 추가로 지급해야 한다. 테이블에 진열할 굿즈 제작비까지 생각하면 행사를 한 번만 참여하더라도 몇백만 원은 우습게 깨진다. 수많은 부스 중에서 잘 알려지지 않은 내 부스에 고객이 찾아와줄지가 의문이었다. 대부분의 제품 판매가가 비싸 봐야 만 원 안쪽이기 때문에 정말 많이 팔아야 겨우 본전이었다.

2. 행사하는 동안 아이를 맡길 곳이 없었다

행사는 보통 목요일부터 시작하지만, 전날인 수요일에 모든 부스 설치를 마쳐야 한다. 목요일에 바로 판매할 수 있도록 하기 위해서다. 그래서 사실상 수요일부터 일요일까지 5일을 행사에 온전히 투자해야 한다. 아이를 유치원에서 픽업하고 돌봐줄 사람이 필요했다. 양가 부모님은 모두 일을 하셨기 때문에 남편이 최소 이틀 이상 휴가를 써야 했다. 직장인들은 연차를 연달아 쓰는 것이 쉽지 않다. 바쁜 시기에는 하루를 쓰기에도 눈치 보이는 것이 직장 생활이지 않은가. 페어 참가 신청은 보통 7~8개월 전에 하므로 남편이 바쁜 시기인지 가늠하기도 힘들었다.

3. 내향인인 내가 오프라인 행사를 잘할 수 있을지 걱정이 되었다

요즘 유행하는 MBTI 검사를 하면 나는 내향인인 'I' 지수가 항상 높게 나

육퇴 후, 방구석 문방구 오픈합니다

온다. 판매직은 아르바이트로도 한 적이 없었고, 하고 싶다는 생각조차 없었다. 이런 나에게는 스마트 스토어 같은 온라인 판매가 제격이었다. 사람과 대면할 일이 없고 실수 없이 물품을 배송하면 되었다. 오프라인 행사에 참여해서 고객들에게 인사나 제대로 할 수 있을지 자신감이 없었다.

이러한 이유로 오프라인 행사는 점점 멀어지고 있었다. 그저 SNS에 홍보를 열심히 하면 된다고 생각해서 인스타에 매일 게시글을 올렸다. 하지만 사업을 시작한 지 1년이 넘어가니, 홍보하는 데 한계를 느꼈다. 나의 스마트 스토어는 수많은 셀러들 사이에 있는 작은 섬과 같아서 고객에게 노출되기가 쉽지 않았다.

오프라인 행사에 첫걸음

SNS 홍보에 지쳐갈 때쯤 오프라인 행사에 참여해야겠다는 결정적인 계기가 생겼다. 나랑 비슷한 시기에 문구 사업을 시작한 작가님이 있었는데, 인스타 팔로워 수도 비등비등했다. 그 작가님은 사업 초기부터 오프라인 행사에 꾸준히 참여했다. 1년이 지나고 보니 팔로워 수의 차이는 3배 이상이나 났고, 인지도 역시 많은 차이가 났다. 적잖이 충격이었다. 인지도가 없는 브랜드일수록 공격적인 홍보를 해야 한다는 것을 뒤늦게 알았다. 많은 작가들이 비싼 부스 비용을 감수하면서까지 페어에 참여하는 데는 이유

2장 집에서 시작한 내 작은 사무실

가 있었다. 나 혼자 꾸준히 인스타에 게시글을 올리면 고객이 알아서 와줄 것이라고 단단히 착각하고 있었다.

이대로는 안 되겠다 싶었다. 내향인이고 뭐고 오프라인 행사에 일단 나가야겠다는 마음이 강하게 들었다. 사람들 앞에 나서는 쑥스러운 마음보다 내 브랜드를 알리고 싶은 의욕이 앞섰다. 부스비와 제작비는 그동안 번 돈으로 충분히 가능했다. 인형 키링을 제작해 보고 싶어서 모아두었던 자금이지만 굿즈 제작보다 홍보가 우선이었다. 아무리 굿즈를 만들어도 내 브랜드가 알려지지 않으면 의미가 없다는 것을 이제 알았으니 말이다.

회사에 눈치 보게 될 남편에게 미안했지만 간곡히 부탁했다. 아이를 돌봐줄 사람이 필요했기에 남편의 도움 없이는 도저히 페어에 참여할 수 없었다. 남편은 여름휴가 명목으로 이틀 연속 연차를 쓸 수 있을 것 같다고 했다. 마침 7월에 열리는 행사가 있어서 참가 신청을 하고 승인까지 받았다. 그렇게 참여하게 된 행사는 23년도 7월에 열린 '핸드아티 코리아'였다. 드디어 오프라인 첫 페어에 참가할 수 있게 된 것이다.

부스를 어떻게 꾸며야 할지, 주의 사항은 무엇인지 이미 참여했던 작가님들의 유튜브를 보고 공부하기 시작했다. 집에 있는 테이블에다가 제품을 미리 진열해 보기도 했다. 순조롭게 진행되고 있다고 생각했다. 남은 건 계산할 때 실수만 하지 않으면 되었다. 긴장한 게 티 날까 봐 떨렸지만 설레기도 했다.

육퇴 후, 방구석 문방구 오픈합니다

예상과 달랐던 오프라인 행사

행사가 시작하는 날, 내 예상과 다른 광경에 당황스러웠다. '핸드아티 코리아'는 핸드메이드 제품 행사여서 문구 작가들도 많을 줄 알았는데 전혀 아니었다. 커피, 수제청, 막걸리와 같은 식품군이 가장 많았고 도자기, 천으로 만든 제품들이 주를 이루었다. 이것이 문제인 이유는 고객층의 연령대가 달라지기 때문이다.

안 좋은 예감은 그대로 적중했다. 고객의 대부분이 30~50대였다. 문구 사업의 주 타깃층은 10대~30대 초의 젊은 연령층이다. 첫날, 나의 부스를 오픈하자마자 든 생각은 '망했다!'였다. 젊은 고객층이 너무 적었기 때문이다. 제대로 알아보지 않은 과거의 내가 한심해서 눈물이 날 것 같았지만 울 수도 없었다. 나이가 지긋하신 분들은 내 부스에 관심이 없었다. 남편의 소중한 연차도 날리고 돈도 날린 것 같아서 속상했다.

이러지도 저러지도 못한 상황에서 넋 놓고 있는데 어떤 할머니께서 다가오셨다. 할머니께서는 "이걸 직접 다 그린 거예요? 너무 예쁘다~"라고 하셨다. 나와 캐릭터가 닮았다며 농담도 건네주셨다. 그 당시에는 긴장한 탓에 몰랐는데, 어떤 젊은이가 표정이 잔뜩 굳어있으니 일부러 말을 걸어주셨던 것 같다. 할머니의 그 한마디가 넋 나간 정신을 붙잡게 했다.

'할머니가 봐도 내 제품은 예쁘구나.'라고 생각하니 자신감이 생겼다. 그

2장   집에서 시작한 내 작은 사무실

냥 하신 말일 수도 있지만 그렇게 생각하기로 했다. 이왕 참여한 거 좌절하고만 있지 말고 최선을 다해보자고 생각을 바꿨다. 하나라도 팔자는 마음에 지나가는 사람들에게 일일이 인사했다. 언제 손님이 올지 몰라 화장실도 최대한 가지 않았다.

인사의 효과인지 모르겠지만, "우와~귀엽다!"라고 한마디씩 하거나 구경하는 사람이 몰리기도 했다. 구매하지 않더라도 귀엽다고 인정받으니 기분 좋았다. 행사의 주 고객층이 나이가 있다 보니 내 부스의 손님은 가족 단위로 방문한 어린아이들이었다. 그래서 엄마에게 사달라고 조르는 경우가 많았다. 쓸데없이 스티커를 뭐 하러 사냐는 엄마들과 혹여 사달라고 할까 봐, 내 부스를 아이들이 못 보도록 철통 방어를 하는 아빠들도 있었다. 나도 엄마이기에 무슨 마음인지 알아서 웃음이 났다. '아이들이 사달라고 할까 봐 긴장감을 줄 만큼 귀엽구나!' 하고 긍정 회로를 돌렸다.

육퇴 후, 방구석 문방구 오픈합니다

라미웨이 첫 오프라인 행사(2023년 핸드아티 코리아 페어)

4일간 첫 오프라인 행사를 하면서 느낀 것은, 오프라인과 온라인 판매와는 전혀 다른 분위기라는 것이다. 가장 좋았던 것은 그 자리에서 피드백을 받는다는 점이었다. 스티커를 구경하던 한 손님이 "이 스티커 너무 예쁜데, 종이에 붙여 놓은 모습이 좋겠어요~"라고 말했다. 그래서 다음 날엔 스티커로 다이어리를 꾸며서 샘플로 놓아두었다. 다음 행사에는 어떻게 하면

2장 집에서 시작한 내 작은 사무실

좋을지 가닥이 잡혀가는 느낌이 들었다.

잘 팔리는 물건도 실시간으로 파악이 되었다. 스마트 스토어에서 인기 있는 제품과 오프라인 행사에서 인기 있는 제품이 달랐다. 행사장에서는 한 개도 안 팔리는 제품이 스마트 스토어로는 실시간으로 주문이 들어오고 있었다. 반대로, 온라인에서는 잘 팔리지 않는 물건이 오프라인에서는 매일 판매가 되기도 했다. 물품을 어떻게 진열하느냐에 따라서도 소비자의 구매율이 많은 차이가 있었다. 이런 깨달음은 방구석에선 절대 알 수 없는 것들이었다.

가장 놀라운 점은 나 자신이었다. 제일 문제라고 생각했던 나는 생각보다 의연하게 손님들을 대하고 있었다. 내 브랜드를 한 명에게라도 알리고 싶은 간절함이 생각보다 컸나 보다. 잠깐 도와주러 온 친구와 남편도 의외라고 놀랐다. 내향적인 내 성격을 알고 있는 사람들이라 내가 한마디도 못할 줄 알았다고 한다. 이것도 오프라인 행사에 참여하지 않았다면 전혀 알 수 없던 내 모습이었다.

행사에 참여한 나흘 동안 한 개라도 팔리면 좋겠다고 생각했는데, 부스 비용은 메꿀 만큼 벌었다. 제작비까지 생각하면 마이너스였지만 잊을 수 없는 경험이었다. 핸드메이드 분야를 창업한다면 페어에 꼭 참여하는 것을 추천한다. 코엑스에서 열리는 부스 비용이 부담된다면 기간이 짧은 플리마켓에 참여해도 좋다. 현장에서 몸으로 배우는 마케팅은 돈으로도 못 사는

육퇴 후, 방구석 문방구 오픈합니다

값진 것 경험이다. 나 같은 극 내향인도 해냈으니 용기를 얻고 도전하길 바란다.

3장

실패를 겪으며
나는 단단해졌다

1

누구나 바보인
시간이 있다

주변을 둘러보면, 일하고 싶어 하는 엄마들이 상당히 많다. 아이가 어느 정도 자라면 이전 경력을 살려서 일하고 싶어 하지만 영 쉽지 않다. 내 체력과 일할 수 있는 시간, 여건 등 모든 환경이 달라졌기 때문이다.

아이가 어릴수록 자주 아프기 때문에 시간 조율이 가능한 카페나 단순 포장 업무 같은 간단한 아르바이트부터 하는 경우가 대부분이다. 비교적 쉬운 일이라고 시작한 것인데 이것조차 미숙하면 또다시 주눅이 든다. 오랜만에 만난 엄마들의 하소연이 시작된다.

"오랜만에 일하려니 하나도 모르겠어. 난 안 되나 봐."

"나는 출산하면서 뇌까지 낳았나 봐."

"괜히 가게에 피해만 주는 것 같아."

경력 단절이 오래 쌓이다 보면 내가 어떻게 일했는지도 가물가물하다.

3장 실패를 겪으며 나는 단단해졌다

새로운 것을 시도하고자 할 때 누구나 '내가 잘할 수 있을까?' 이런 두려움을 갖는다. 두려움이 나도 모르게 커져서 자신도 모르게 두려움에 잠식되어 버리는 경우가 많다.

처음부터 능수능란하게 잘하는 사람은 거의 없다. 물론 눈치가 빠르고 한 번에 이해하는 사람도 있다. 이런 사람은 소위 '일머리'가 있는 사람이다. 일머리가 있는 사람은 아무래도 적응도 빠르다. 하지만 그렇지 않은 경우가 대부분이다. 처음엔 어렵고 어리바리한 게 당연하다. 우리는 이 사실을 너무나도 잘 알고 있음에도 막상 그 상황에 마주하면 자책하기 바쁘다.

'역시 애나 키워야 하나 봐.' 하는 생각에 결국 오래 일하지 못하고 그만둔다. 우리는 스스로 채찍질하느라 누구나 바보인 시간이 있다는 것을 잊어버린다. 우리의 마음을 갉아먹는 생각은 얼른 털어내야 한다. 누구나 처음엔 바보임을 인정하고, 이 시간을 넘기 위해 노력해야 한다.

바보일수록 채울 게 많다

"그대가 내일 죽는 것처럼 살아라. 그대가 영원히 살 것처럼 배워라."
- 마하트마 간디

굿즈를 만드는 작업 중에서 많이들 어려워하는 부분이 있다. 바로 스티커의 칼 선을 따는 작업이다. 칼 선 스티커는 인쇄한 스티커 용지에다가 기

육퇴 후, 방구석 문방구 오픈합니다

계의 미세한 칼날로 칼집을 낸 스티커를 말한다. 기계가 칼 선을 인식할 수 있도록 특정 선으로 표시해 주어야 한다. 이것을 스티커 작업에선 '칼 선을 딴다.'라고 표현한다. 이 작업은 일러스트레이터 프로그램이 익숙하지 않은 사람에게는 시간이 오래 걸리기도 하고, 어렵기도 해서 외주를 맡기기도 한다.

나 역시도 이 부분에서 가장 애를 먹었다. 여기서 포기하는 사람이 많다고 익히 들어서 시작하기도 전에 겁부터 먹었다. 이 두려움을 빨리 떨쳐내고 싶어서 칼 선 작업에 대한 강의부터 집중적으로 들었다. 제일 어려운 작업을 할 줄 알면 다른 것은 수월하지 않을까 싶었다. 어차피 해야 하는 일이라면 매도 먼저 맞는 게 낫겠다는 심산이었다. 새벽 4시까지 연습하고 또 연습했다. '이제 막히는 부분이 없겠지?' 하면 여지없이 풀어야 할 숙제가 또 생겼다. 그럴 때마다 유튜브나 블로그에 일일이 검색하면서 배우는 수밖에 없었다. 그렇게 하다 보니, 어느새 음악을 들으면서 할 수 있을 만큼 여유를 부릴 수 있었다.

어려운 부분을 극복하니 뭐든 해낼 수 있다는 자신감이 붙었다. 처음 회사에서 일을 배울 때 버겁던 일이 연차가 쌓일수록 업무가 쉬워지는 경험을 많이들 할 것이다. 너무 익숙하다 못해 초반에 어려워했던 나 자신을 잊어버린다. 신입생을 교육할 때 '이게 이렇게 이해가 안 되나?' 싶을 때가 있

3장 실패를 겪으며 나는 단단해졌다

다. 냉정하게 생각해 보자. 돌이켜보면 처음엔 나 역시도 그랬을 확률이 매우 높다.

바보여서 버벅대는 것이 아니라, 처음이고 방법을 몰라서 그러는 것뿐이다. 혹자는 자신이 운이 없는 사람이라 이런 일이 벌어진다고 생각하기도 한다. 운이 좋다고 해서 시행착오를 안 겪는 것이 아니다. 운이 좋다 하더라도 그것이 영원한 성공으로 이어지지도 않는다. 이는 반대로 영원한 실패도 없다는 뜻이다.

해결책은 알 때까지, 익숙해질 때까지 반복하는 것뿐이다. 내 것이 되는 시간을 견뎌야 한다. 남들이 이미 하는 것은 나도 할 수 있고 누구나 할 수 있다는 뜻이다. 머릿속이 하얀 백지일수록 더 많은 것을 그릴 수 있다. 머릿속을 하나씩 채워간다고 생각하면서 배우는 것을 즐기자. 어려운 것을 정복했을 때를 상상하면 배우는 과정이 더 즐거워진다. 유명한 전문가들도 처음엔 바보의 시간을 거쳐왔다. 배우고 갈고 닦으면서 단단해지고, 전문가로 불리게 된 것이다.

이것을 강조하는 이유가 있다. 주변에 바보인 시간의 턱을 넘지 못하고 포기한 경우를 많이 봐왔기 때문이다. 재능이 많은 주부들이 정말 많지만, 바보의 시간을 견디지 못하고 지레 겁먹고 그만두는 경우가 대부분이다. 한 발자국만 더 내밀면 목적지에 도착하는데 안 되겠다며 그 직전에 포기

육퇴 후, 방구석 문방구 오픈합니다

하고 돌아선다. 그 길을 먼저 지나가 본 사람은 그 목적지가 보이기에 안타까운 것이다. 막상 덤벼보면 생각보다 별것 아닌 경우가 많다. 당신도 해낼 수 있다는 믿음을 가지고 한 발자국씩만 앞으로 가면 좋겠다.

3장 실패를 겪으며 나는 단단해졌다

2

기준의 차이가
만든 배움

스마트 스토어에 등록할 굿즈를 제작하기로 한 이상, 업체를 잘 골라야 했다. 업체를 정할 때는 단가, 제작 소요 시간 등 많은 것을 보지만 크게 두 가지를 본다. 우선은 제작을 위한 최소 주문 수량이 얼마나 되는지다. 단가가 낮더라도 최소 주문 수량이 500개 이상이면 작은 브랜드인 내 처지에서는 상당히 부담스러운 양이다.

1인 기업은 고객의 수요에 따라 탄력적으로 움직이기 때문에 다품종 소량 생산(small quantity batch production)이 기본이다. 이는 적은 수량으로 다양한 물품을 생산하는 것을 말한다. 부피가 큰 굿즈라면 어떻게 보관해야 할지도 생각해야 한다. 공간은 곧 돈이다. 재고가 차지하는 만큼 또 다른 공간을 확보해야 하기 때문이다. 다행히 요즘은 소량 생산이 가능한 굿즈 업체들이 꽤 있는 편이다. 유행이 워낙 빠르게 변하는 시대에 맞춰서 생산 업체에도 변화가 생긴 것이다.

육퇴 후, 방구석 문방구 오픈합니다

두 번째로 고려해야 하는 것은 제품의 퀄리티다. 제품이 저렴하다고 소비자들이 무조건 구매하는 시대는 지났다. 아무리 저렴하더라도 질이 떨어지면 구매로 이어지지 않는다. 아래는 내가 실제로 행운의 2달러를 그린 도안으로 마그넷 제작을 위해 샘플로 뽑은 것이다. 같은 도안으로 각각 다른 업체에서 만들어보았다.

같은 도안으로 제작한 마그넷

A 업체의 단가가 3,000원, B 업체가 3,700원이고 같은 크기라고 가정해보자. 내가 소비자라면 어떤 것을 구매할 것인가? 나라면 여지없이 B 업체의 굿즈를 구매할 것이다. B 업체의 마그넷이 색감이 뚜렷하고 뒷면도 깔끔하기 때문이다.

두 업체 모두 최소 주문 수량은 같았다. A 업체는 제작 기간도 빠르고 B

3장   실패를 겪으며 나는 단단해졌다

업체보다 700원이나 저렴했다. 700원 자체로 보면 별로 차이가 나지 않는 것처럼 느껴지지만 수량이 늘어날수록 그 차이는 어마어마하다. A 업체가 훨씬 저렴한데도 B 업체로 최종 선택을 하고 추가 발주를 넣었다. A 업체는 인쇄 상태가 별로 좋지 않았기 때문이다.

여기서 불량인지 아닌지가 갈린다. 인쇄가 흐릿하면 내 입장에선 불량이다. 무료로 나누어주는 것이 아닌 이상, 어느 정도 퀄리티는 나와야 한다. 업체에서는 이런 것들을 불량으로 인정하지 않는다. 업체에서는 점이 찍힌다거나 잉크가 묻어올 수 있는 건 생산과정에서 있을 수 있는 일이라고 못을 박는다. 단가를 계산할 때 불량률도 고려해야 하는 것이 이 이유이다. 심각한 파손 상태가 아니라면 A/S를 받는 것은 힘들다고 생각해야 한다.

떡 메모지를 발주했을 때였다. 메모지에 일정한 선이 짧게 그어져서 와버린 적이 있다. 몇 장만 그런 것이 아니라 전체가 그랬다. 제작 업체도 사람이 하는 일인지라 인쇄하거나 재단할 때 당연히 이런 일이 있을 수 있다. 문제는 업체에서 불량으로 인정하는 기준이 모호하다는 것이다. 담당자가 누구냐에 따라 불량으로 인정하는 기준이 달라지기도 한다.

메모지에 묻은 잉크의 크기는 작았지만, 하늘색 배경에 검은색으로 그어져 있어서 눈에 확 띄었다. 재작업 요청을 바로 했지만 작업 과정에서 있을 수 있는 일이라며 반려 당했다. 어느 정도 괜찮으면 B급으로 판매하거나 서비스로 넣기도 한다. 하지만 이건 한가운데에 선이 그어져 있어서 그럴 수도 없었다. 서비스로 넣었다간 되레 욕먹을 것이 분명했다. 물량 전체를 폐기하기엔 아까워서 결국 내가 쓰고 있다. 그 메모지는 아직도 남아있다.

2달러 도안으로 봉투를 만들었을 때도 잉크가 번진 채로 와서 불량 처리를 했다. A 업체에 재생산 요구를 했지만 역시 반려 당했다. 전량 폐기를 하기로 하고 B 업체에 발주를 넣었는데 여기서도 잉크가 번져서 온 것이다. 멘붕이 왔다. 또 폐기해야 하는지 심장이 두근거렸다. 다행히 B 업체에서는 재생산을 해주어서 추가 손실을 막을 수 있었다. 이렇게 불량의 기준이 모호하고 업체마다 다르기에 운에 맡기다시피 해야 하는 것이 현실이다.

샘플을 뽑아보고 업체를 정했다 하더라도 샘플보다 못한 결과물이 나올 수도 있다. 그래도 일단 샘플을 뽑아보는 것이 좋다. 수정하고 맞춰가는 과정에서 업체와 나의 합이 맞는지 볼 기회이기 때문이다. 이런 과정을 통해 나와 맞는 업체를 하나씩 찾아간다.

3장 실패를 겪으며 나는 단단해졌다

제작 업체 알아보는 법

다양한 업체가 있지만 처음부터 찾기에 막막하다. 사업 초반에는 아래와 같은 사이트에서 주문하고 배송받는 방법을 추천한다. 어느 정도 익숙해지면 제작 업체와 직접 컨택해서 단가를 협의해도 좋다. 상품에 달려있는 택을 보면 제작 업체를 알 수 있다. 제작하고 싶은 상품의 택을 보는 습관을 들이도록 하자.

□ 스티커: 모다82, 유캔스티커, 레드프린팅, 레인보우, 오프린트미, 더한빛
□ 다양한 굿즈 제작: 애즈랜드, 성원 애드피아, 와우프레스, 캐릭터스토리
□ 아크릴 종류 제작: 올댓프린팅, 동호 아크릴, 한성
□ 엽서: 포스트링
□ 마스킹 테이프: 마테스토리, 디테마테, 이룸테이프
□ 파우치, 인형: 아스와이, 아인디자인

제작 업체마다 색감, 단가, 최소 주문 수량이 다르므로 나와 맞는 곳을 찾도록 하자.

육퇴 후, 방구석 문방구 오픈합니다

3

사업이 봉사활동이
되지 않기 위해

초보 사업자가 가장 많이 하는 실수가 무엇일까? 바로 판매가를 잘못 설정하는 것이다. 봉사활동을 하는 것이 아니라면, 이익을 남겨야 한다. 물품의 원가만 계산한다거나 경쟁 업체의 가격을 그냥 따라 하는 경우도 많이 있다. 판매가를 잘못 정하면 판매하면 할수록 오히려 마이너스가 되는 이상한 상황이 벌어진다.

예를 들어, 제품 단가가 3,000원인 제품을 4,000원에 판매했다고 가정해 보자. 그렇다면 나의 순수익은 1,000원일까? 슬프게도 그렇지 않다. 제품을 포장하기 위해 비닐과 완충재를 구매했을 것이고, 명함이나 안내 사항이 적힌 전단지도 넣었을 것이다. 택배 발송을 위해 박스도 구매했을 것이다. 사이트의 판매 수수료는 또 어쩌랴. 이것저것 떼고 나면 나에게 돌아오는 돈은 0원, 혹은 마이너스가 된다. 여기에 인건비까지 나가는 경우라면 상황은 더 심각해진다.

판매가에는 상품의 원가뿐만 아니라, 포장비, 재료비, 인건비, 판매 수수

3장 실패를 겪으며 나는 단단해졌다

료 등이 포함되어야 한다. 사무실을 얻은 경우라면 임대료, 세금, 각종 공과금도 생각해야 한다. 특히 소품샵에 입점하는 경우에는 수수료와 택배 비용까지 참작해서 판매가를 조정해야 한다. 시세를 참고해야 하는 것은 맞으나, 단순히 남들이 이 정도에 파니까 나 역시 그래야겠다고 따라 하다간 낭패를 보기 십상이다.

소품샵 수수료가 30%인 곳에서 메모지 1,800원짜리가 팔렸다고 가정해 보자. 그럼 수수료를 떼고 1,260원을 받는다. 메모지 단가와 비닐 포장비를 제외하고 나면 나에겐 700원 정도만 남는 것이다. 매출액이 1,000만 원이어도 순이익이 100만 원이라면, 매출 500만 원에 순이익이 200만 원인 사람보다 덜 버는 꼴이 된다. 결국, 매출액이 아닌 **순이익이 얼마인지가 가장 중요하다.**

현실적으로 직접 제작한다고 해도 나의 인건비는 판매가에 거의 책정되지 않는다. 도안을 디자인하고 물품을 포장하는 데 드는 시간까지 판매가에 반영하면 가격이 상당히 높아진다. '시세'도 무시할 수 없다. 시세 역시 반영해야 하므로 어느 정도 현실과 타협해서 판매가를 책정해야 한다.

순수 인건비만 드는 일도 있다. 캐리커처를 그린다든지 로고를 디자인해주는 경우가 그렇다. 이러한 외주를 받는다면 인건비는 보통 시간당 최저 시급을 반영한다. 경력이나 작업이 얼마나 정교한지에 따라 최저 시급을 기준으로 플러스하여 협의하면 된다.

육퇴 후, 방구석 문방구 오픈합니다

택배비라도 줄이자

택배비는 고객이 부담하기 때문에 판매가에 반영하지 않는다. 하지만 무료배송 이벤트를 대부분 하기도 하고 소량 발송의 경우 택배비 단가가 만만치 않기 때문에 신경 써야 하는 부분이다. 요즘은 100건이 되지 않아도 택배사와 계약할 수 있지만 택배비가 저렴하지 않다.

우체국 택배는 기본 택배비가 4,000원이다. 온라인 쇼핑몰 대부분의 택배비는 3,000원~3,300원 사이로 주로 책정되어 있다. 택배비가 4,000원이면 고객으로서는 다소 부담스럽게 느껴질 수 있다. 그렇다고 택배비를 3,000원만 받으면 판매자로서는 손해가 커진다. 택배비를 책정하는 것도 심사숙고해야 하는 이유이다.

요즘은 편의점에서 택배를 취급하는 곳이 많이 있다. 편의점 택배는 건당 3,400원에 보낼 수 있고, 단 1건이라도 가능하다는 것이 장점이다. 사업을 막 시작했거나 소량의 택배를 발송할 때 좋다. 편의점 택배 앱에서 다양한 이벤트를 통해 할인 쿠폰을 주기도 하니, 공지 사항을 자주 확인하는 것이 좋다.

편의점 택배는 '반값 택배'를 이용할 수도 있다. 반값 택배는 편의점 지점끼리 주고받는 택배를 말한다. 예를 들어, GS 편의점 A 지점에서 B 지점으로 발송하는 것이다. 고객이 편의점으로 가서 직접 찾아가야 하지만 저렴

3장 실패를 겪으며 나는 단단해졌다

하다는 장점이 있다. 이때 GS 편의점에서 CU 편의점으로는 보낼 수 없다. 반값 택배는 500g 기준으로 1,900원이다. 대신, 일반 택배보다는 배송기간이 더 걸릴 수 있다는 점을 유의하고 고객에게 안내해야 한다.

최근 세븐일레븐은 점포 간의 배송으로 5kg까지 1,980원으로 이용할 수 있는 착한 택배 서비스를 시작했다. 일시적으로 시행되는 서비스가 다르니 집 근처에 있는 편의점의 택배 행사를 유심히 보자.

출처: 로지아이 사이트(logii.com/Main.pm)

육퇴 후, 방구석 문방구 오픈합니다

물량이 많아져서 택배를 직접 부치는 것이 버겁다면 택배사와 직접 계약하는 방법이 있다. 집에 배송 안내 문자가 오는 기사님에게 직접 연락해서 협의하는 것이다. 또한, 네이버 카페에 있는 쇼핑몰 커뮤니티 '셀러 오션'에서 택배 업체를 구할 수 있다.

이벤트를 열 때는 신중히

사업 초창기에 고객을 모으고 싶은 마음에 무리하게 할인 이벤트를 한 적이 있다. 이벤트 덕에 팔로워는 약간 증가했지만 판매율은 아주 미미했다. 할인한다고 해서 무조건 구매로 이어지는 것은 아니기에 신중히 진행해야 한다.

이벤트를 자주 하는 것도 좋지 않다. 잦은 이벤트는 고객의 흥미를 떨어뜨릴 수 있다. 또한 정가로 구매한 고객은 억울한 느낌이 들어서 불만이 생길 수 있다. 이벤트를 자주 하는 것보다 홍보를 어떻게 하느냐에 따라 구매율이 더 좌우되었다. 할인 이벤트를 무리하게 해서 손실이 커지지는 경우도 있다. 사업이 봉사활동이 되지 않기 위해서는 순이익 계산을 항시 해야 한다는 것을 잊지 말자.

이렇게도
돈을 벌 수 있다고?

사업을 시작할 때만 해도 오로지 스마트 스토어에서 판매가 이루어져야만 돈을 벌 수 있다고 생각했다. 그 당시에는 감히 내가 대형 쇼핑몰인 텐바이텐에 입점하게 될 줄은 꿈에도 몰랐고, 유명해져야만 소품샵에 입점할 수 있는 줄 알았기 때문이다. 사업을 하면서 여러 가지 경험을 할수록 수익화할 방법은 생각보다 많다는 것을 알게 되었다.

표 6 구직시 어려움(1순위)(통합표본) : 2020년

(단위 : 명, %)

	전체	남성	여성
전체	431,362	239,413	191,949
(표본수)	(232)	(113)	(119)
취업정보가 부족하거나 잘 몰라서	29.7	28.9	30.6
본인의 적성을 파악하지 못해서	10.8	10.7	10.8
경력이 부족해서	17.9	17.2	18.8
학력, 기능 등 요구자격이 맞지 않아서	13.1	15.3	10.4
외모 또는 신체적 결함으로 인해서	0.1	0.3	0.0
수입이나 보수가 맞지 않아서	8.4	6.9	10.2
근무환경이나 근무시간 등이 맞지 않아서	5.7	3.3	8.6
서류/면접시험의 지속적 탈락에 의한 심리적 부담감	5.9	7.6	3.6
창업자금이 부족해서	0.9	1.6	0.0
자격증이 없어서	6.5	7.5	5.2
기타	0.9	0.7	1.2

주 : 가중치 적용

출처: 한국고용정보원

육퇴 후, 방구석 문방구 오픈합니다

위의 표를 보면, 구직 시 어려움의 이유 중 '취업 정보가 부족하거나 잘 몰라서'가 많은 비중을 차지하고 있다. 다양한 방법으로 돈을 버는 시대에 어떤 세계가 있는지 다 알기는 힘들다. 관심을 두지 않으면 존재 여부조차 모르는 것이 현실이다.

사업을 하면서 마케팅을 공부하다 보니, 사람들이 다양한 방법으로 돈을 번다는 것을 알게 되었다. 시야가 넓어져서 그런 건지, 내 관심사가 그렇게 되어서 그런 건지는 모르겠다. 세상을 둘러볼수록 사람들은 정말 다양한 루트로 돈을 벌고 있었다.

돈을 버는 방법에 대해 처음으로 충격받은 일은 라미웨이 캐릭터로 캔들을 만들려고 했을 때다. 라미웨이 캐릭터 모양의 캔들은 나만 판매할 수 있기에 꼭 하고 싶었던 작업이었다. 캐릭터 모양을 따서 캔들을 만들려면 몰드가 필요하다. 몰드를 제작하려면 3D 모형을 틀 안에 넣고, 실리콘을 부어서 굳히는 과정을 거치기 때문에 캐릭터의 실물 모형이 필요했다.

2D인 그림을 3D로 어떻게 변형시키나 알아보니, '라이노'와 같은 3D 모델링 프로그램으로 도안을 만들고 3D 프린트로 찍어내는 것이었다. 3D 프로그램 존재 자체도 몰랐으니, 내가 배워서 직접 하려면 많은 시간과 돈을 투자해야 했다.

막막한 마음에 캔들 몰드를 제작하는 분에게 고민을 털어놓으니 '크몽'이라는 사이트에서 3D 도안 모델링 작업을 의뢰하는 방법이 있다는 것이다.

3장 실패를 겪으며 나는 단단해졌다

크몽은 전자책을 판매하는 곳으로 익히 들은 적이 있었다. 전자책만 판매하는 사이트인 줄로만 알았지, 이런 외주 의뢰를 주고받는 곳인 줄은 몰랐다. 크몽 사이트에 들어가 보니 다양한 외주 의뢰를 받으면서 많은 사람이 돈을 벌고 있었다.

이런 세계는 나에게 충격으로 다가왔다. 크몽에는 3D 모델링뿐만 아니라 홈페이지 제작, 라인 드로잉 등 여러 분야가 있었다. 라인 드로잉을 취미로 하는 사람이 주변에 꽤 있는데, 누군가는 크몽에서 돈을 벌고 있었다. 나도 뭔가 놓치고 있는 건 아닌지 생각해 보는 계기가 되었다.

또 하나의 편견이 깨진 건 디지털 파일을 판매하는 것이다. '판매'라 하면 만질 수 있는 형질의 물건만 판매하는 것을 생각했다. 디지털 드로잉에 입문하면서 디지털 파일 거래도 활발하다는 것을 알았다. 디지털 파일에는 여러 가지가 있다. 드로잉 앱에 쓸 수 있는 브러시를 커스텀 해서 판매하기도 하고, 엑셀로 가계부 템플릿을 잘 꾸며서 판매하기도 한다.

'굿노트'와 같은 기록 앱에 쓸 수 있는 디지털 스티커와 속지를 판매하는 시장도 꽤 크다. 디지털 파일은 한 번 만들어놓으면 무한으로 생산할 수 있고, 배송비도 들지 않는 것이 큰 장점이다. 나도 언젠가는 디지털 판매를 해 볼 계획이다. 아래는 내가 경험한 것이나 도전할 만한 돈 버는 루트를 정리한 것이다. 다른 분야에서도 좋은 인사이트가 되길 바란다.

육퇴 후, 방구석 문방구 오픈합니다

1. 강의

일반적으로 많이 하는 것은 나의 경험을 토대로 강의하는 것이다. 나의 경험이 쌓일수록 원데이 클래스나 정규 수업의 내용은 풍부해진다. 강의는 지식이 완벽해야만 할 수 있다고 생각해서 나의 영역이 전혀 아니라고 생각했다. 하지만 강의를 해 본 사람들은 그렇지 않아도 된다며 입을 모아 말한다.

나한테는 너무 익숙해서 별것 아니라고 생각한 지식이 누군가에게는 간절한 정보일 수 있기 때문이다. 그래서 요즘은 내가 강의를 한다면 어떤 커리큘럼을 짜면 좋을지 생각하며 굿즈를 제작하는 과정을 기록하고 있다. 문구 사업을 하는 내가 강의를 한다면 캐릭터를 만드는 방법부터 저작권 등록하는 방법, 굿즈는 어떻게 제작하는지, 거래처는 어떻게 알아보는지 등을 알려줄 수 있을 것이다.

장소와 시간의 제약으로 인해 오프라인 강의가 부담스럽다면 '온라인 강의'를 생각해 볼 수 있다. 온라인 강의가 활성화되어 있는 요즘엔 도전하기도 쉽다. 인터넷 강의를 할 수 있는 곳은 대표적으로 줌(zoom)이 있다. 또한 네이버 TV, 클래스 101을 통해 할 수 있다.

2. 협찬 또는 광고

SNS 채널에서 협찬이나 광고가 들어오기도 한다. 나는 최근 인스타그램으로 일러스트레이터의 AI 기능을 영상으로 홍보하는 광고를 했다. 평소

3장 실패를 겪으며 나는 단단해졌다

영상 편집을 자주 했기 때문에 영상을 만드는 것은 어렵지 않았다. 그래서 기회가 왔을 때 도전할 수 있었다. 내가 광고를 찍다니, 신기하면서도 이런 방법으로도 돈을 벌 수 있구나 하고 느꼈다.

팔로워가 어느 정도 되면 홍보해 주는 조건으로 제품을 협찬받기도 한다. 이런 경우는 메일이나 인스타 DM을 통해 제안이 온다. 나는 굿즈를 제작해서 후기를 남기고 업체를 홍보하는 조건으로 20% 할인을 받기도 했다. 이런 방법으로 제작비의 단가를 낮출 수 있다. 역으로 내가 적극적으로 제안을 해서 광고 계약을 맺는 일도 있으니, 먼저 문을 두드리는 것도 방법이다.

3. 그림이나 사진을 이용한 수익화

사진을 이용한 수익화 방법

상업적 이용이 가능한 사진으로 나만의 색깔을 입혀서 굿즈를 만드는 방법이 있다. 포토샵을 못 해도 괜찮다. 앞서 이야기한 미리캔버스나 캔바를 이용하여 감성적인 제품을 만들 수 있다. 사진 저작권이 신경이 쓰인다면 직접 찍은 사진을 이용해도 좋다. 필터를 색다르게 편집하고 캘리그래피까지 더해주면, 세상에 하나밖에 없는 작품이 탄생한다. 그 작품으로 스마트톡, 노트, 엽서 등을 만들어서 판매로 연결시킨다.

그림을 이용한 수익화 방법

그림으로 이모티콘을 제작하는 방법과 외주를 통해 작업 의뢰를 받는 방법이 있다. 이모티콘만 해도 라인, 모히톡, 네이버 OGQ, 카카오 이모티콘 등 여러 가지가 있다. 또 다른 루트는 미리 캔버스나 캔바 같은 플랫폼에 있는 디자인 요소를 직접 그려서 업로드하는 방법이다. 이것으로 웬만한 직장인 월급 이상을 버는 작가들도 있다. 이들은 최소한의 장비로 그림만 그리면 되기 때문에 자본금이 적게 든다는 장점이 있다.

LINE에 승인된 찌만이 이모티콘

3장   실패를 겪으며 나는 단단해졌다

5

나의 한계를 만든 건
결국 나였다

일체유심조(一切唯心造): 모든 것은 마음먹기에 달려 있다.

이 명언을 보면 처진 달팽이의 〈말하는 대로〉라는 노래가 떠오른다. 이 노래는 인기 예능 프로그램이었던 〈무한도전〉에서 유재석과 이적이 한 팀을 이루어서 직접 작사·작곡한 노래다. 〈말하는 대로〉 가사 중에서 '정말 들어야 하는 건 내 마음속 작은 이야기'라는 구절은 들을 때마다 심금을 울린다. 이 가사를 들을 때면 내 결정에 힘을 실어주는 기분이다.

평범했던 가정주부가 갑자기 문구 사업을 하는 경우는 그리 흔한 일은 아니다. 그래서 그런지 주변에서 여러 말이 나오기도 한다. 맨땅에 헤딩하는 것이 대단하다고 응원해 주는 사람도 있지만, 그게 돈이 되냐며 탐탁지 않아 하는 반응을 보이는 사람들도 있다. 캐릭터 사업이어서 그런지 애들이나 하는 거 아니냐며 나잇값 못 한다는 시선으로 바라보는 이들도 있다.

144

그런데도 부정적인 말들을 흘려보낼 수 있었던 건 두 가지 이유에서였다. 첫 번째 이유는 감사하게도 응원해 주시는 분들이 훨씬 많다는 점이었다. 특히 가장 가까이 있는 남편의 응원이 큰 힘이 되었다.

두 번째 이유는 목표를 이루고 싶은 욕구가 너무나도 명확했기 때문이다. 굿즈 사업을 위해 여러 가지 공부를 했을 때였다. '일러스트레이터'라는 프로그램을 처음 접했던지라 모든 게 생소하고 어려웠다. 프로그램의 기본 툴 메뉴도 몰라서 일일이 눌러보고 블로그, 유튜브 강의를 찾아가며 배웠다. 적지 않은 시간을 쏟는데도 진도는 너무 느렸다. 지금 생각하면 당연한 건데 당시에는 너무 초조했다. 허튼짓하는 것은 아닌지, 내 적성에 안 맞는 것인지 알 수 없어서 혼란스럽고 자신감도 바닥을 쳤다. 하지만 그만두기엔 노력한 게 아까웠고 포기하고 싶지 않았다.

그럴 때마다 내가 이루고 싶은 모습을 되새기고 상상했다. 아이가 자랑스러워하는 엄마를 목표로 삼고 마음을 다잡았다. 내가 원하는 모습을 상상하고 구체화했다. 그럴 때마다 뭔지 모를 자신감이 차올랐다. 일러스트 페어에 참여해서 나의 굿즈들을 판매하는 장면도 상상했다. 귀여운 문구 제품들을 예쁘게 진열하고 손님들이 몰려 있는 상상을 했다. 당시 나에게는 스마트 스토어를 오픈하는 것도 감지덕지한 상황이었기에, 페어에 참여하는 것조차 꿈같은 상황이었다.

현실은 호락호락하지 않더라도 상상하는 것은 내 자유다. 무엇보다 공짜

3장 실패를 겪으며 나는 단단해졌다

다. 시간과 장소에 구애를 받지도 않는다. 지금 돌이켜보면 내 모습을 상상하고 머릿속에 그려가면서, 해야 할 일이 나도 모르게 정리가 되었던 것 같다. 꿈을 이루기 위해 부족한 부분을 하나씩 채워나가면 문제점들은 어느새 해결되어 있었다.

그 꿈은 과연 이루어졌을까? 불가능에 가깝다고 생각했던 일이 3년간 세 번이나 이루어졌다. 즐거운 상상을 하며 달려왔을 뿐인데 저절로 이루어져 있었다. 나중에 알게 된 사실인데, 내가 했던 방법들은 실제로 이미지 트레이닝 기법으로도 쓰이는 방법이었다. 이것을 '성공의 시각화'라고 한다고 한다. 내가 이루고 싶은 장면은 생생하게 그릴수록 좋다. 그래야 목표를 구체적으로 세울 수 있기 때문이다. 세세하게 쪼갠 목표를 하나씩 이루어가고 방법을 찾아간다면 성공에 가까워질 수밖에 없다. 나는 그것을 경험했기에 그 힘을 강력하게 믿는다.

'성공의 시각화'의 일례로 유명한 것이 할리우드 배우 짐 캐리의 이야기이다. 그가 출연했던 영화 〈마스크〉가 대단히 흥행했기에 원래부터 슈퍼스타인 줄 알았는데 아니었다. 짐 캐리는 꽝장히 가난한 시절을 보냈고 무명 시절도 아주 길었다고 한다. 노숙 생활까지 했던 그는, 1,000만 달러가 쓰여 있는 가짜 수표를 항상 몸에 지니면서 언젠가는 꼭 이 금액을 받는 배우가 되리라 다짐했다.

육퇴 후, 방구석 문방구 오픈합니다

짐 캐리는 가짜 수표를 품에 지니면서 그 꿈을 이루기 위해 수많은 노력과 시도를 하며 달렸을 것이다. 단순히 가짜 수표를 품에 지니는 것만으로는 아무 일도 생기지 않을 테니 말이다. 몇 년 뒤, 짐 캐리는 정말 1,000만 달러에 가까운 계약금을 받았다. 그의 간절한 노력으로 꿈이 현실로 이루어진 것이다.

나와의 타협을 경계하라

한계는 종종 실제가 아닌 당신의 마음속에만 존재한다.
– 페드로 마르티네즈

우리는 늘 현실과 타협하려고 한다. 지금은 때가 아닌 것 같아서, 가족이 아파서, 아이가 어려서…. 등등 안 되는 이유를 만든다. 안 되는 이유는 무궁무진하게 만들 수 있다. 그렇기에 그것이 진짜 이유인 것처럼 착각하기도 한다. 이렇게 하면 모든 것이 해결되는 기분이기 때문이다. 하지만 생각해 보라. 완벽하게 준비된 시기는 언제라도 없다. 시간이 지나고서야 "그때 할걸!" 한다.

엄마가 뇌출혈로 입원했을 때였다. 병원을 왕복하는데 2시간 반 정도가 걸렸다. 지하철에 있는 동안 신상 디자인을 구상하거나 영상 편집을 해도

3장 실패를 겪으며 나는 단단해졌다

되지만, 지금은 상황이 이래서 아무것도 할 수 없다고 생각하면서 하지 않았다.

다행히 엄마의 증상이 빠르게 호전되어서 예정보다 빨리 퇴원 절차를 밟았다. 이젠 간호하러 병원을 가지 않아도 되는 상황임에도 나는 여전히 아무것도 하지 않았다. 넷플릭스를 보거나 의미 없는 영상만 보며 시간을 때울 뿐이었다. 상황 때문에 못 한 것이 아니라 내가 그냥 하지 않았던 것이다. 나도 모르게 엄마의 병간호를 핑계 삼아 한계를 정해버린 것이었다.

이렇게 지금 할 수 있는 일을 의식적으로 생각하지 않으면, 우리의 뇌는 한계를 정해버린다. 이것이 반복되면 의미 없는 시간을 보내고 후회할 것을 예감했다. 이를 예방하기 위한 조치가 필요했다. 여러 가지 방법을 써본 결과, 크게 효과를 봤던 것은 두 가지였다.

1. 뭘 하기로 했다면 여기저기 소문을 내는 것이다

인스타에 글을 올려서 공표한다든지, 지인들에게 이번 달엔 신상이 나온다며 미리 소문을 내놓는 것이다. 이렇게 해두면 거짓말쟁이가 되지 않기 위해 뭐라도 하게 된다. 지금도 책을 출간하기 위해 글을 쓰고 있다며 여기저기 소문을 낸 상태이다. 그렇지 않았다면 몇 번이고 현실과 타협하고 진작에 포기했을 것이다. 글을 쓴다는 것이 절대 쉬운 일도 아니었고, 개인적으로 힘든 일도 겹쳤던 터라 핑곗거리는 얼마든지 만들 수 있었기 때문이다.

육퇴 후, 방구석 문방구 오픈합니다

2. 사람들과의 소통 창구를 최대한 이용하고 참여하는 것이다

1인 사업은 자기만의 세계에 갇히기 쉽다. 온전히 내가 일정을 짜고 변경할 수 있기에 유혹이 많다. 친구가 갑자기 놀자고 하면 놀 수 있다. 작업 공간도 집이기에 흐트러지기 아주 쉬운 환경이다. 지금 잘하고 있는지 모르겠다는 생각에 우울감이 생기기도 한다. 이 우울감은 일을 손 놓게 만들고 악순환이 반복된다.

이럴 때면 모임에 참석해서 사람들과 소통하는 시간을 갖는다. 정기적인 모임은 하나의 생활 루틴으로 자리 잡을 수 있다. 억지로라도 할 수밖에 없는 상황을 만드는 것이다. 요즘은 모임을 쉽게 가입할 수 있고 종류도 다양하다. 모임을 모집하는 곳은 네이버 카페, 네이버 밴드, 중고마켓 등 다채롭다.

나는 그림을 꾸준히 그려야 되는데 자발적으로 하는 것이 도무지 쉽지 않았다. 그러다 우연히 중고거래 앱인 '당근 마켓'에서 드로잉 모임의 모집 광고를 보고 바로 가입했다. 모임 장소도 집이랑 가깝고, 모이는 시간도 오전 10시라서 아이를 등교시키고 참석할 수 있었다. 드로잉 모임에 가입하면서 매주 목요일마다 카페에서 그림을 그리는 것이 하나의 루틴으로 자리 잡았다. 다들 그림을 열심히 그리기에 나도 그릴 수밖에 없다. 서로 피드백을 주고받으며 좋은 정보도 얻는다.

3장   실패를 겪으며 나는 단단해졌다

꼭 자기 개발 모임이 아니어도 된다. 내 삶에 힐링이 되는 모임이라면 더할 나위 없이 좋다. 나만의 숨 쉴 구멍을 만드는 것이다. 그런 의미에서 최근에는 필사 모임에도 가입했다. 이 모임은 카카오톡 단체방에다가 필사한 내용을 매일 인증하기만 하면 되는 모임이다. 오프라인이 아니어서 시간 제약도 없고, 한 줄만 써도 되는 거라 부담이 없다.

'한계'는 나와의 타협에서 생긴다. 모임에서 여러 사람을 만나다 보면 상상 초월로 열심히 사는 사람들을 만난다. 이런 사람들을 보면서 스스로 한계를 정하지 않으려고 노력한다. 한계인지 아닌지는 해봐야 안다. 우리는 생각보다 잘하는 게 많다. 이 점을 꼭 기억하자.

육퇴 후, 방구석 문방구 오픈합니다

6

실패는 나를 비추는
반짝임이었다

카이스트(KAIST, 한국과학기술원)는 23년도부터 '카이스트 실패 학회'를 주최했다. 이는 2주간 '실패 주간'을 운영하며, 실패하더라도 이를 가감 없이 뽐냄으로써 좌절과 극복을 공유하는 행사이다. 실패를 증명하는 사진이나 영상을 보여주며 누가 더 실패했나 자랑하는 것이다.

실패 내용에 따라 공감과 동정심을 많이 얻거나 응원하고 싶은 팀에게는 상을 수여하기도 한다.

이는 학생들에게 실패를 두려워하지 않게 하기 위해 도전과 혁신을 장려하기 위한 것이라고 한다. 이 행사를 주최한 조성소 카이스트 실패 연구소장은 "우리는 실패를 통해서 더 성장하고 배우는 게 많은데, 조금만 실패해도 숨기려 하고 부끄러워하는 경향이 있다."고 말한다. 수많은 인재가 모여 있는 카이스트 학생들이 실패한다고 하면 놀랄 수도 있지만 실패는 누구나 한다.

카이스트의 실패 주간 행사를 주최하게 된 이면에는 치열한 경쟁으로 인한 학생들의 잇따른 자살 사건이 깔려 있다. 무엇이 학생들을 비극적인 상황까지 몰아갔는지 우리 사회에 대해 고찰해 볼 필요가 있다. 우리는 성공한 모습에만 주목한다. SNS에서는 자랑거리의 글들이 가득하고, 실패하거나 좌절하는 글은 찾기 힘들다. 나만 실패하는 기분이 들지만, 실패하는 것을 드러내지 않을 뿐 누구나 실패와 시행착오를 겪는다.

비슷한 사례로 미국에서는 2009년부터 '페일 콘(fail conference)'이라는 실패 모임을 진행하고 있다. 이 모임을 통해 창업가와 기업 관계자들이 모여 실패 경험을 공유하고 해법을 논의한다. 페일 콘에서는 "일찍 실패하고, 자주 실패하고, 진취적으로 실패하라."고 한다. 핀란드에서는 10월 13일을 '실패의 날(Day for Failure)'로 지정하여 국가 행사를 열기도 한다.

왜 이런 행사가 곳곳에서 열리는 것일까? 실패를 오히려 바깥으로 드러내라니. 실패에 대한 시선이 부정적인 우리나라에서는 낯선 행사다. 여기서 주의해야 할 점은 실패한 것을 마냥 무시하라는 것이 아니다. 실패했다고 괴로워하며 포기하지 말고, 성장을 위한 발판으로 삼자는 것이다. **실패의 경험은 돈을 주고도 살 수 없는 소중한 경험이다.**

육퇴 후, 방구석 문방구 오픈합니다

실패의 연속임에도 불구하고

창업을 주저하는 엄마들을 보면 실패할까 봐 주저하는 경우를 많이 본다. 자본금도 넉넉하고 기술력도 좋은데 '망하면 어떡하지?'란 생각에 시작부터 막힌다. 사업은 안타깝게도 처음부터 대박 나기는 힘들다. 설령, 운이 좋아서 대박이 났다 해도 유지하는 것 또한 쉽지 않은 일이다. 성장하는 것은 눈에 보이지 않기에 더욱 실패만 하는 것처럼 느껴질 수 있다.

실패를 경험했을 때는 이를 마주하는 자세가 중요하다. 실패했다고 놔버릴 것인지, 이를 피드백으로 삼아 다른 방법을 연구할지는 우리에게 달렸다. 강의를 듣고 배운 대로 적용한다고 해서 결과가 다 똑같지 않은 것처럼 우리의 태도가 큰 역할을 한다.

나 역시 사업을 하면서 크고 작은 실패의 연속이었다. 우리가 그립톡이라고 알고 있는 휴대전화 거치대를 제작할 때였다. 일반 아크릴로 제작해도 됐지만, 특별하게 제작하고 싶은 욕심에 UV 레진을 추가했다. 레진을 추가하면 제품이 도톰해지고 영롱해지는 느낌을 주는 것은 물론, 잘 깨지지도 않는다. 단가는 당연히 올라갔다.

한데, 막상 제작하고 나니 레진 부분이 점점 노랗게 변해갔다. UV 레진 특성상 햇빛에 노출되면 변색이 잘 되었다. 이 점을 모르고 햇빛이 노출되는 곳에 놓는 바람에, 많은 양이 변색되었고 결국 판매할 수 없게 됐다. 이

3장 실패를 겪으며 나는 단단해졌다

렇게 제작해 보지 않았다면 절대 몰랐을 사실이다. 나는 실패한 계기로 제품을 제작하기 전에 추후 관리법을 더 꼼꼼하게 따지게 되었다.

이뿐만 아니다. 굿즈 제작을 주문할 때, 대부분은 일러스트레이터 파일이 필요하다. 일러스트레이터 프로그램을 처음 접했기 때문에 실수도 많이 했다. 도안을 제출할 때마다 가이드와 맞지 않아서 거절당하기 일쑤였다. 도안만 여덟 번 이상을 반려 당하기도 했다. 하지만 이런 과정을 통해서 나는 더 배우려고 노력했고 기능을 뼈저리게 익히게 되었다.

페이크 머니를 제작했을 때는 재단 비용을 아끼겠다며 직접 작두기로 재단했다. 재단 추가 비용이 많이 들지도 않았는데 까짓것 내가 재단하겠다며 호기를 부렸다. 주문이 소량일 때는 괜찮았다. 문제는 몇천 장의 주문이 들어왔을 때였다. 재단하느라 시간을 다 뺏기고 어깨도 아파서 많은 양을 감당할 수 없었다. 결국 대량 주문 건을 다 소화하지 못해서 주문을 거절해야 하는 상황이 오고야 말았다. 이런 시행착오를 겪고 나서야 단가만 낮추는 것이 능사가 아니란 것을 배웠다. 단가를 무리하게 낮추다가 어깨를 잃을 뻔했다.

정말이지, 사업 초반에는 생각지도 못한 실패의 연속이라고 할 수 있다. 자꾸 실패한다며 사업을 접었다면 지금의 나는 없었을 것이다. 실패할 때마다 더 확실한 방법을 배웠고, 오히려 빨리 경험한 것이 다행이라고 생각

육퇴 후, 방구석 문방구 오픈합니다

했다. 사업 초반이라 적은 자본금으로 인해 수량을 많이 제작하지 못했기 때문이다. 해 보지 않은 분야일수록 실패와 시행착오가 많은 것이 당연하다. **실패를 통해 배운다면 그것은 오히려 기회가 될 수도 있다.** 문제를 해결하는 능력이 성장하는 기회가 되는 셈이다.

3장 실패를 겪으며 나는 단단해졌다

내 머리도
쉴 시간이 필요해

컨디션이 항상 좋기만 하면 얼마나 좋을까. 우리는 기계가 아니기에 지치고 힘든 시기가 오기 마련이다. 그것이 심적이든 체력적이든 힘에 부칠 때가 있다. 뭐든 하고자 하든 열정도 예전 같지 않고, 하던 일이 뜻대로 되지 않아서 의욕의 크기는 점점 작아진다. 아무 이유 없이 갑자기 그러기도 하고, 상황이 그렇게 만들기도 한다.

불행은 예고 없이 찾아온다

엄마나 다름없던 이모가 난소암 판정을 받았다. 이모는 몇 달 동안 소화가 잘 안되고, 아랫배가 욱신거린다며 동네 병원을 전전했지만 소용이 없었다. 병원에서는 아무 이상 없다며 소화제만 처방해 줄 뿐이었다. 이모의 복부 통증은 점점 심해지고 배에 복수가 차기 시작했다. 이 지경이 되어서야 대학병원에서 검진을 받고 난소암 판정을 받은 것이다. 그 당시 이모는 겨우 60대였다.

이모는 맞벌이하는 부모님을 대신해서 나와 동생들을 어릴 때부터 돌봐 주셨다. 결혼한 후에도 이모와 매일 통화할 만큼 엄마보다 더 애틋한 사이였다. 그런 이모가 난소암이라니 청천벽력 같은 소리였다. 암을 판정받은 당시에는 이미 4기에 가까운 상태였다. 이모는 여섯 차례의 항암 치료와 수술을 받으면서 나아지는 듯했으나, 결국 여기저기 전이되어서 상태는 점점 악화되었다. 더는 입원이 불가피했다. 보호자가 없는 이모를 위해 나와 동생들이 번갈아 가면서 간호를 했다.

평일에는 아이를 유치원에 등원시키고 병원으로 곧장 달려갔다. 밤새 간호한 첫째 동생과 교대를 하기 위해서다. 내가 간호하는 동안 동생은 집에서 잠깐 눈을 붙이고, 아이 하교 시간에 맞춰서 다시 교대했다. 직장에 다니는 막냇동생은 퇴근하고 병원에 들르거나 주말에 간호했다. 강한 통증 때문인지 이모는 화장실 갈 때를 제외하고는 기력 없이 계속 잠만 잤다. 더 이상 손쓸 방법이 없다는 의사의 말에 할 수 있는 건 이모 곁을 지키는 것뿐이었다. 일을 아예 놓고 있을 순 없어서 이모 곁에서 그림이라도 그렸다.

'라미웨이'는 일상에 지친 사람들에게 귀여움으로 힐링해 준다는 콘셉트로 시작한 브랜드이다. 힐링을 위해 귀엽고 밝은 그림을 그려야 하는데, 매일 병원에 있어서 그런지 밝은 이미지가 떠오르지 않았다. 그림이 심리 상태에 많이 좌우된다는 것을 이때 알았다. 그림은 도저히 안 되겠다 싶어서

3장 실패를 겪으며 나는 단단해졌다

책을 읽으며 마음을 다잡았다.

이모는 투병을 시작하고 1년을 채 넘기지 못하고 하늘나라로 갔다. 이모의 죽음을 어느 정도 예상해서인지 올 것이 왔다는 생각만 들었다. 자식이 없는 이모를 위해 나와 동생들이 장례를 치렀다. 장례를 치른 것은 처음이라 모든 것이 생소했다. 정해야 할 것도 많았다. 장례식장에서 음식 가짓수는 몇 가지로 할 것인지, 유골함은 어떤 것으로 할 것인지 등등 무엇을 하느냐에 따라 비용도 천차만별이었다. 굿즈 제작비로 쓰려고 모아둔 돈은 병원비와 장례비에 보태느라 어느새 바닥을 보였다.

당장 두 달 뒤에 서울 일러스트 코리아 페어에 참가할 예정이라, 장례를 치르고 나서도 페어 준비에 몰두해야 했다. 동시에 아이의 초등학교 입학 시기도 겹쳐서 정신없는 나날들이 계속됐다. 무슨 정신으로 했는지도 모르게 어찌어찌 페어를 마치고 긴장이 풀리면서, 그 뒤로 나는 알 수 없는 깊은 무기력감에 빠지고 말았다. 아무리 쉬어도 회복되지 않는 컨디션은 유난히 무더운 여름 탓을 했다. 끝이 안 보이던 더위가 어느새 물러가고 가을이 왔는데도 무기력함은 도통 나아지지 않았다. 멀쩡히 있다가도 눈물이 왈칵 나오는 때가 점점 많아졌다. 행사를 치르느라 체력이 소진되어서 그런가 싶었지만 무언가가 달랐다. 이것이 '번아웃'이었다는 것을 이 지경이 되어서야 나는 안 것이다. 이모의 병간호와 죽음을 맞이하고, 연달아 페어에 참여했던 것들이 모두 끝나자 나는 무너진 것이다.

육퇴 후, 방구석 문방구 오픈합니다

그러다 또 사건이 터졌다. 아이 등교 준비로 정신없던 어느 날 아침이었다. 등교 시간을 체크하려고 휴대전화를 보는데, 첫째 동생의 부재중 전화가 찍혀 있었다. 불길했다. 이른 아침부터 동생이 전화할 리가 없었다. '친정집에 무슨 일 생겼구나.' 하고 직감했다. 서둘러 아이를 등교시키고 첫째 동생에게 연락했다. 동생은 엄마와 응급실에 가는 중이라고 했다.

부모님과 함께 지내는 막냇동생의 증언은 이랬다. 출근하려고 아침밥을 먹고 설거지하는 엄마를 문득 봤는데, 엄마의 몸이 삐딱하게 서 있더라는 것이다.

"엄마, 담 걸렸어? 자세가 왜 그래?"

"……."

엄마는 대답이 없었다. 이상한 기운을 감지하고 막냇동생이 엄마에게 다가갔다. 엄마의 상태가 이상했다. 입 한쪽이 삐뚤어지고 거품도 물고 있었다. 엄마의 왼쪽 팔은 힘이 없고 움직이지 않았다. 엄마에게 입이 돌아갔다며 거울을 보여줘도 엄마는 뭐가 이상하냐며 인지를 전혀 못 하더라는 것이다. 엄마의 상태가 심상치 않자, 119를 부르고 응급실에 가는 도중에 첫째 동생이 나한테 연락을 한 것이었다. 엄마는 평소 건강했기에 모두 놀랄 수밖에 없었다.

병원에서 검사한 결과 고혈압으로 인한 뇌출혈이었다. 뇌에 고여있는 피

3장 실패를 겪으며 나는 단단해졌다

를 말리는 약물치료를 병행하기로 하고 엄마는 중환자실로 옮겨졌다. 약물치료로 나아지지 않으면 수술을 해야 한다고 했다. 막냇동생의 빠른 대처 덕분인지 엄마는 약물치료로 많이 호전되었다. 엄마는 일반 병실로 옮겨졌고, 이모를 간호했던 루틴대로 동생들과 교대하며 병원을 오갔다.

엄마와 이모의 아픔을 겪으면서 건강이 얼마나 중요한지 뼈저리게 느꼈다. 사람들이 왜 이렇게 건강을 강조하는지 이제서야 알 것 같았다. 건강이 중요하다는 것은 당연히 알고 있었지만 평범한 일상 속에서 잊고 살았다. 아프지 않고 멀쩡하게 일할 수 있는 것이 얼마나 감사한 일인지, 무탈한 일상이 얼마나 소중한 것인지를 알게 되었다.

지금 내가 할 수 있는 일은 무엇일까

"당신이 있는 곳에서, 당신이 가진 것으로, 당신이 할 수 있는 일을 하라."
- 시어도어 루스벨트(제26대 미국 대통령)

루스벨트 전 대통령의 말처럼 무기력감에 찌들어있는 내가 지금 할 수 있는 것이 무엇인지 생각해 보았다. 아무것도 할 수 없는 상황일 것 같아도 사소한 것이라도 분명히 있으리라 생각했다. 안 좋은 일의 연속으로 답답한 마음만 들었지만, 답답해한다고 해결되는 일은 단 한 개도 없었다. 오히

육퇴 후, 방구석 문방구 오픈합니다

려 어둠의 늪에 더 빠져드는 기분이었다. 신상을 만들어야 하는데 걱정과 우울한 생각으로 가득한 머리는 아이디어가 떠오르지 않았다. 부정적인 마음은 의욕까지 꺾어 버렸다.

주어진 상황은 내가 바꿀 수 없다. 하지만 관점을 바꾸는 건 얼마든지 할 수 있다. 당장 할 수 있는 일이 무엇인지 노트에 적어 보았다. 거창한 것이 아니라 아주 사소한 것부터 적어 보았다. 일단 나 자신에게 여기까지 잘 버텼다며 토닥여주기로 했다. 감정 일기를 사서 나의 감정에 집중하고 감사한 일을 세 가지씩 썼다.

"오늘도 아이가 건강해서 감사합니다."
"맛있는 귤을 먹을 수 있어서 감사합니다."
"날씨가 좋아서 감사합니다."

화나는 일이 잔뜩 있었던 날에도 감정 일기를 쓰면 마음이 차분해졌다. 책을 읽다 보면 부자들의 특징 중 하나가 감사 일기를 쓰는 경우가 많았다. 감사 일기를 써보니 그 이유를 알 수 있었다. 감사 일기로 인한 긍정적인 마음가짐이 모든 일에 큰 원동력이 되었다.

마음이 어지러울 땐 전시회도 다니고 좋아하는 소품샵을 구경하면서 최대한 머리를 비우려고 애썼다. 주문이 들어오면 포장 업무만 하고, SNS에는 올리고 싶은 글만 올렸다. 아주 간단한 일을 해도 대단하다며 나 자신을

3장 실패를 겪으며 나는 단단해졌다

칭찬했다.

머리를 비우니 어느 순간 신기하게도 머릿속을 다시 채우고 싶은 의욕이 생겼다. 점점 에너지가 넘치고 아이디어가 떠올랐다. 내 머리가 쉬고 싶다고 외칠 땐, 머리를 비우고 감사한 일들을 떠올려 보자. 내가 하고자 하는 일에 대한 끈만 놓지만 않으면 된다. 이는 다시 힘을 낼 수 있는 원동력이 될 것이다.

육퇴 후, 방구석 문방구 오픈합니다

8

소비자가 되거나,
사장님이 되거나

인스타그램에서 우연히 돈을 세는 영상을 홀린 듯이 보게 되었다. 돈 세는 소리가 ASMR처럼 듣기 좋아서 나도 모르게 시선을 빼앗겼다. 그랬더니 알고리즘을 탔는지, 이와 관련된 영상이 계속 떴다. 영상 속의 사람은 돈을 세고 현금 속지(현금을 넣을 수 있도록 만든 다이어리 속지)에 저축할 돈을 넣었다. 알고 보니 이것은 현금으로 생활하는 분의 계정이었다.

코로나19로 갑자기 일자리를 잃은 사람들이 많아지고, 경제가 앞으로 어떻게 될지 모르는 불안정한 분위기가 지속되면서 일명 '짠테크'가 유행하기 시작했다. '*욜로 하다간 골로 간다.'라는 명언이 나올 정도로 경기 침체가 장기화될 것을 모두 우려했다. 그러면서 절약하는 생활을 하자는 명목으로 현금 챌린지가 유행하게 된 것이다. 이는 우리나라뿐만 아니라 해외에서도 꽤 유행이 돌았다.

* 욜로(YOLO): 'You Only Live Once.'의 약자로 한 번뿐인 인생, 내 마

163

음대로 살겠다는 의미이다. 내일이 없는 것처럼 미래의 대비 없이 돈을 펑
펑 쓰는 사람을 '욜로족'이라고 칭하기도 한다.

종잣돈을 모으기 위해 시작한 현금 생활

현금 생활을 줄임말로 '현생'이라고 일컫는다. 현금 생활을 하는 사람을
'현생러'로 부르고, 그들의 세계는 생각보다 단단했다. 저축하면 응원해 주
고, 아껴 쓰도록 서로 격려해 주었다. 현금 생활의 장점은 돈이 줄어드는
것이 눈에 보여서 돈을 저절로 아껴 쓰게 된다는 점이다.

생활비를 아껴 써서 남는 돈이 생기면, 그 돈을 저축 속지에 넣어 저축하
는 방식이다. 그럼 융통할 수 있는 현금이 점점 모인다. 모인 돈으로 예, 적
금 통장에 넣기도 하고, 주식이나 부동산에 투자하기도 한다. 이렇게 현생
을 함으로써 쓸모없는 지출을 줄이고, 의미 있는 곳에 돈을 쓰자는 것이 현
금 생활의 궁극적인 목표이다.

나는 이런 현금 생활의 매력에 푹 빠져들었다. 가계부도 20년 가까이 매
일 쓰면서 나름 아껴 썼지만 흐트러질 때도 많았다. 생활비에서 남은 돈으
로 굿즈를 겨우겨우 만들고 있었기 때문에 이런 자극은 나에게 꼭 필요하
다고 생각했다. 인스타에 가계부를 공식적으로 올리면 보는 눈이 있어서라
도 강제로 아껴 쓸 수 있을 것 같았다.

육퇴 후, 방구석 문방구 오픈합니다

나는 현금 생활 계정을 바로 만들고 기록하기 시작했다. 이 과정을 SNS에 올리면서 스스로 아껴 쓰자는 마음을 한 번 더 되새겼다. 예산을 초과하지 않으면 괜히 뿌듯했다. 더불어 다른 사람의 저축 영상을 보면서 자극을 받았다.

처음 현금 생활을 막 시작했을 때는 가진 현금이 하나도 없었다. 이는 많은 사람이 겪는 고민이었다. 현금이 없다며 현금 생활을 하고 싶어도 포기하는 사람이 많았다. 대부분은 카드를 주로 쓰기 때문이다. 요즘은 현금을 받지 않는 곳이 늘어나는 추세인 데다, 삼성 페이 같은 여러 가지 결제 방법이 늘어나면서 현금 자체를 들고 다니지 않는 경우가 많았다.

카드를 주로 사용할 때는 가짜 돈인 일명 '페이크 머니'를 사용하기도 한다. 카드를 사용할 때마다 그 금액만큼 페이크 머니를 빼는 방식이다. 예를 들어 월요일 예산을 만 원을 잡았다면, 페이크 머니 만 원을 현금 속지에 넣는다. 간식을 사느라 6,000원을 썼다면 속지에 넣어둔 페이크 머니 6,000원을 빼는 방식이다. 그럼 4,000원밖에 남지 않은 것이 눈에 보이면서 아껴 쓰게 되는 원리이다.

페이크 머니를 구매하려고 하는데, 얼핏 보면 진짜 돈이랑 헷갈릴 만큼 비슷한 디자인이 많았다. 페이크 머니를 현금처럼 사용하면 실수로 사용하더라도 처벌을 받을 수 있다. 돈이랑 비슷한 페이크 머니는 정신없을 때 사용하면 나도 모르게 사용할 것 같아서 찜찜했다. 문득, 내 캐릭터로 페이크

3장 실패를 겪으며 나는 단단해졌다

머니를 제작하면 어떨까 하는 생각이 들었다. 페이크 머니는 소비자가 아닌 생산자의 시야로 바라보게 한 첫 아이템이었다.

소비자가 아닌 생산자의 관점으로

생산자의 관점에서 페이크 머니의 수요가 어느 정도 있을 것인지 조사하기 시작했다. 주변 반응도 점검하고 주로 누가 사용하는지도 살펴봤다. 그 결과, 페이크 머니를 제작해도 되겠다는 생각이 들었다. 그 이유는 다음과 같다.

1. 많은 현금을 가지고 있는 것이 부담이 된다

현금 생활을 시작하고자 하는 사람들이 한 달 생활비 예산을 짰을 때를 상상해 보자. 생활비가 최소 100만 원 이상은 필요할 텐데, 이 돈을 모두 현금으로 가지고 있기엔 부담이다. 파킹 통장에 넣어두면 몇 원이라도 이자가 붙으니, 목돈을 갖고 있는 것은 손해라고 생각했다. 또한 이제까지 카드로 생활을 한 사람들은 현금이 별로 없을 테니 페이크 머니가 필요할 것이다.

2. 캐릭터가 있는 페이크 머니가 별로 없었다

우선 디자인할 때, 위조 화폐로 간주될 확률은 없는가를 생각했다. 이는 캐릭터를 강조해서 제작한다면 해결되었다. 누가 봐도 가짜 돈으로 인지할

육퇴 후, 방구석 문방구 오픈합니다

수 있어서 악용될 확률이 없도록 디자인하기로 했다. 뉴스에서 종종 눈이 어두운 어르신들을 타깃으로 위조 화폐를 사용해 물건을 구매하는 사건이 나온다. 돈의 개념이 없는 아이가 순수한 마음으로 모르고 사용하더라도 판매자가 가짜라고 충분히 인지할 수 있는 디자인이라면 문제가 되지 않을 것이다. 술에 잔뜩 취해서 보더라도 가짜 돈이라는 것을 알 수 있는 페이크 머니를 만들기로 했다.

3. 현금 생활을 하지 않더라도, 이벤트용으로도 많이 사용되고 있었다

페이크 머니는 은행 놀이나 보드게임을 할 때도 쓰였다. 친구는 페이크 머니를 이용해서 아이의 경제관념을 가르쳤다. 심부름을 할 때마다 페이크 머니를 지급하고, 만 원이 모이면 진짜 현금으로 바꿔주었다. 이것을 보고 페이크 머니의 활용도는 생각보다 다양하다는 생각이 들었다.

이런 이유로 페이크 머니를 제작하기로 마음먹고 아이패드를 가지고 카페에 갔다. 카페에서 라미웨이 캐릭터인 라밍이와 찌만이를 중심으로 지폐를 그리기 시작했다. 최대한 수요자의 범위를 넓히기 위해, 현금 생활을 하지 않는 사람들도 활용할 수 있도록 뒷면을 메모지로 사용할 수 있도록 디자인했다.

3장 실패를 겪으며 나는 단단해졌다

카페에서 작업한 페이크 머니 도안

　문제는 페이크 머니를 제작하는 데 필요한 최소 수량이었다. 페이크 머니의 최소 주문 제작 수량이 4,000장이었다. 이보다 적게 제작할 수도 있지만 단가가 도저히 안 맞았다. 4,000장이란 수량은 동네 아이들에게 쓰라고 나눠 주고, 내 현금 챌린지에 헤프게 쓴다 해도 엄청난 양이었다. 그나마 다행인 건 제품 부피가 크지 않아서 집에 쌓아 놓아도 부담이 되지 않았다. '수요가 있으니 조금이라도 팔리겠지.'라는 생각으로 일단 질러 버렸다.

　제작부터 배송까지는 약 일주일이 소요됐다. 내가 생각했던 색감대로 나와서 만족스러웠다. 찢어지거나 구겨진 불량들을 솎아내고 포장을 했다.

육퇴 후, 방구석 문방구 오픈합니다

양이 많아서 그런지 불량만 해도 100여 장이 나왔다.

판매를 위해 페이크 머니의 상세 페이지를 만들고 스마트 스토어에 상품 등록을 했다. 현금 생활을 하는 사람의 수요가 가장 많을 것으로 예상하고, 인스타 현금 계정 프로필에 페이크 머니를 구매할 수 있는 스마트 스토어 링크를 연결해 놓았다. 이렇게 페이크 머니와 함께 나의 현금 생활이 시작되었다.

페이크 머니로 일주일 예산을 40만 원씩 잡고 항목별로 나누었다. 식비나 생활용품으로 지출이 생기면 그 금액만큼 페이크 머니를 뺐다. 진짜 돈은 아니지만 페이크 머니가 줄어드는 게 눈에 보이니 아껴 써야겠다는 충격을 주기에는 충분했다. 단순히 가계부만 썼을 때와는 다른 자극이었다.

이뿐만이 아니었다. 페이크 머니는 예상대로 수요가 있었다. 현금 생활을 하는 사람들의 꾸준한 구매가 이어져서 라미웨이의 효자 아이템이 되었다. 현금 생활을 하는 사람뿐만 아니라 학교, 복지 재단에서 행사용으로 대량 주문이 들어오기도 했다.

4,000장의 재고를 어떻게 떠안아야 할지 막막했던 걱정은 빠르게 해소됐다. 4,000장을 완판하고 추가 제작에 들어갔다. 페이크 머니는 지금도 오프라인 행사나 소품샵에서도 꾸준히 인기 있는 아이템이다. 무엇보다 페이크 머니를 좋아한 건 우리 아이였다. 페이크 머니 뒷면에 편지를 쓰거나 메모하기도 하고 부루마블 같은 보드게임을 할 때도 활용했다.

3장 실패를 겪으며 나는 단단해졌다

라미웨이의 효자템이 된 페이크 머니

우리는 생산자이기 전에 소비자이기도 하다. 그렇기에 누구보다 소비자의 입장을 잘 알고 있다. 어떤 것을 판매할지 혹은 제작할지 모르겠다면, 소비자 입장에서 어떤 것이 필요한가를 생각해 보자. 우리는 소비자로서 오랜 시간 살아왔기 때문에 그것을 조금만 틀어서 바라보면 무엇이 생산성이 있는지 보일 것이다. 그렇게 찾은 아이템이 의외의 효자 아이템이 될 수 있다.

육퇴 후, 방구석 문방구 오픈합니다

사업하다 보니 비로소 보이는 것들

1

내 안의 수많은 나와
함께 살아가기

나: "휴…. 유치원 가기 싫다는 거 겨우 보냈네."

S: "ㅋㅋㅋ고생했네. 이제 좀 쉬자. 집에 있는 거 너무 부럽다."

지옥철을 뚫고 출근하는 워킹맘인 친구 S와의 대화였다. 물 흐르듯이 하던 일상 이야기였다. 나는 꼬박꼬박 월급을 받는 친구가 부러웠고, 친구는 집에 있는 나를 부러워했다. 나 역시 직장 생활을 해봤기에 지옥철만으로도 얼마나 피곤하고 괴로운지 충분히 알고 있었다. 처지를 바꿔봐도 나 역시 친구와 같은 말을 하고 부러워할 것이 분명했다. 나는 지옥철을 겪지 않아도 되고 상사 눈치도 안 봐도 되니 좋아야 하는데 그렇지 않았다.

의문이 들었다. 집에 있다는 것을 누군가는 부러워하고 나도 원하던 삶이었는데…. 정작 나는 왜 공허하고 행복하지 않은 것인지. 생활비를 마음대로 써도 남편이 딱히 면박을 준 것도 아니었다. 남편으로서는 스티커나 인형 같은 소품을 사는 것이 이해가 안 될 텐데 돈을 아끼라는 등 잔소리

173

한번 한 적 없었다. 오히려 식사 시간마다 배달시켜 먹고 조금이라도 쉬라는 연락을 해주었다. 물론 이렇게 지내면 파산할 것임을 알기에 그러진 않았다.

엄마는 나에게 "넌 남편 잘 만나서 팔자 좋다. 애도 하나만 키우면 되고 편하네~"라는 말을 자주 했다. 아이 셋을 키운 엄마로선 내가 꿀 빠는 생활을 하는 것처럼 보였나 보다. '그래도 가정주부가 놀고먹는 사람은 아닌데…. 나도 힘든데….'라는 생각에 괜히 엄마의 말에 생채기가 났다. 팔자 좋다는 말도 고깝게 들렸다. 나는 대체 무슨 삶을 원하는 것인지 나 자신도 헷갈리기 시작했다.

이것은 의외로 내가 사업을 하면서 실마리가 풀렸다. 불안정하고 무섭다고 생각하던 사업을 하면 할수록 내 정체성이 오히려 뚜렷해지는 기분이 들었다. 일이 힘들 때도 있지만 동시에 행복감도 충족되었다. 맨땅에 헤딩하느라 막막함에 머리가 아프면서도 그만큼 성취감과 자존감은 더 올라갔다. 안정성이 최고라고 생각했는데, 어쩌면 나는 문제를 극복하는 스릴을 즐기는 사람이었나 싶기도 하다.

엄마인 '나', 그리고 사장인 '나'

어느 날은 아이가 이상했다. 그저 콧물 조금에 기침도 안 하는데, 해열제

육퇴 후, 방구석 문방구 오픈합니다

를 먹여도 고열이 지속됐다. 처방받은 약을 먹어도 어째서인지 조금도 호전되지 않았다. 약이 잘 드는 편인 아이가 이러니 엄마의 촉이 발동했다. 단순한 감기가 아님을 직감하고 처방받은 약을 다 먹기도 전에 동네 병원에 갔다. 당시 폐렴이 유행이었던지라, 혹시 모르니 엑스레이라도 찍어 달라고 했다.

의사 선생님은 엑스레이 결과를 보시더니 대뜸 큰 병원으로 가라신다. 심장이 요동친다. 큰 병원으로 가라는 말만큼 무서운 말이 있을까. 놀란 마음에 금방이라도 눈물이 날 것 같지만, 내가 울면 아이가 불안해할 것이기에 애써 덤덤한 척했다. 내가 이렇게 눈물을 잘 참는 사람이었나. 역시 엄마로서의 나는 강한 사람이 된다.

서둘러 택시를 타고 대학병원 응급실로 갔다. 진단명은 '마이코 플라즈마'라는 폐렴이었고 폐에 물까지 찬 심각한 상황이었다. 고열이었지만 컨디션은 좋았기에 이 정도일 줄은 몰랐다. 약 먹고 호흡기 치료를 해도 호전되지 않으면 수술로 폐에 있는 물을 빼내야 한다고 했다. 크게 아픈 적이 없던 아이가 이러니 정신이 혼미했다. 엑스레이를 찍어 달라고 하지 않았으면 어쩔 뻔했는지 아찔했다.

최소 5일 이상 입원해야 한다는 말에 막막했다. 아이도 걱정이지만 일도 걱정하지 않을 수 없었다. 아이 퇴원이 길어질지 모르니 스마트 스토어에 올려놓은 상품들을 일단 품절 상태로 바꿔 놓고 공지도 띄웠다. 문제는 이미 들어온 주문 건이었다. 남편이 퇴근하면 교대하려고 했지만 하필 바쁜

4장 사업하다 보니 비로소 보이는 것들

시기라 남편은 밤 11시나 넘어서 퇴근했다. 아이 혼자 병실에 남겨두고 잠깐 집에 다녀와야 하나 머릿속이 복잡했다. 갑작스러운 입원에 엄마 껌딱지가 된 아이를 두고 갈 수도 없었다.

아이를 간호하면서 정신이 없다가도, 일을 생각하면 머리가 차갑게 식었다. 최악의 상황인 지금, 최선의 해결 방법을 찾아야 했다. 일단 이미 주문하신 고객님들에게 일일이 양해를 구했다. 다행히 다들 흔쾌히 이해해 주셨다. 주말이 되어서야 남편과 교대를 할 수 있었다. 고객님들이 괜찮다고는 하셨지만 주문한 상품을 빨리 받고 싶은 마음을 누구보다 잘 알기에 기약 없는 퇴원 일정을 마냥 기다릴 수는 없었다. 배송이 늦어진 것에 대한 죄송한 마음에 서비스도 넣어 드렸다. 그제야 마음이 놓였다.

사업을 하면서 예상치 못 한 일도 많이 일어나고, 그만큼 새로운 나의 모습을 마주하는 일도 많다. 내 속에 내가 얼마나 많은지 가늠조차 안 된다. 나만 그렇게 느낀 것이 아니다. 누구보다 가깝고 오래 지켜봐 온 남편도 놀라워한다. 마냥 아이 같다가도 어떨 때는 누구보다 강인한 사람이 된다. 육아하면서 무슨 일이라도 해 보려고 고군분투하는 나를 남들은 부지런하다고 한다. 하지만 나는 누구보다도 게으르다. 이불 속에 누워서 뒹굴뒹굴하는 것을 제일 좋아한다.

육퇴 후, 방구석 문방구 오픈합니다

지금 내가 할 수 있는 것을 최대한 하려는 것도 훗날 꼬부랑 할머니가 되어서는 일하고 싶지 않아서 미리 하는 것뿐이다. 게으른 탓에 어떻게 하면 일을 조금만 하면서 최고의 효율을 끌어낼 수 있을지 고민도 많이 한다. 그런 마음에서 시작한 일들은 생각보다 재밌었다. 나는 온전히 나만의 시간이 꼭 필요한 사람이었고, 그로 인해 만족감이 채워지는 사람이었다. **사업을 하면서 일을 즐기는 또 다른 나를 마주할 수 있었다.**

이불 속에 있고 싶은 것도 '나'이고, 노후 준비에 힘쓰는 것, 아이와 관해서는 강한 엄마가 되는 것도 결국 나 자신이다. 수많은 '나' 중에 그때그때 필요한 '나'를 꺼내어 쓰고 있다. 앞으로 살아가면서 내가 몰랐던 또 다른 나를 발견할지 기대된다.

4장　사업하다 보니 비로소 보이는 것들

때로는 무모함이
성공을 가져다준다

tvN에서 방영된 〈대탈출 3〉는 주어진 퀘스트를 추리하고 문제를 풀어가는 예능 프로그램이다. 임무가 주어지면 문제를 해결하기 위해 다 같이 추리를 하는데 이 과정을 보는 재미가 쏠쏠하다. 〈대탈출 3〉에서 유독 기억에 남는 에피소드가 있다. 여느 때처럼 출연진들이 문제를 해결하기 위해 머리를 맞대고 있었다. 두 가지 방법 중 하나를 선택해야 했지만 서로 의견이 갈렸다. 의견이 분분하니 시간만 계속 흘러갔고, 제한 시간이 있었기에 빠른 결정을 내려야 했다. 이때 강호동 씨가 이렇게 말한다.

"생각이 적으면 인생에서 실수한대. 그런데 생각이 너무 많으면 인생을 망친대."

다들 생각하느라 시간만 흘러가고 있으니, 일단 무엇이든 부딪혀보자며 강호동 씨가 팀원들을 설득한 것이다. 이는 강호동 씨의 아주 오래된 신념

육퇴 후, 방구석 문방구 오픈합니다

이라고 한다. 강호동 씨는 어디서 주워들었다며 너스레를 떨었지만 나에게도 큰 울림을 주었다.

인스타 릴스를 올려도 반응이 시원치 않아서 릴스 제작에 관한 강의를 들은 적이 있다. 릴스는 홍보와 더불어 매출 상승으로도 이어질 수 있기 때문에 꽤 신경 쓰고 있던 부분이었다. 릴스 제목은 어떻게 하면 좋을지, 영상 길이는 어느 정도가 좋은지, 대본은 어떻게 쓰면 좋은지에 대한 내용이었다. 강의를 듣고 나면 단체 카카오 톡방에서 서로 질문하는 시간이 오갔다. 릴스 영상을 만들기 전에 대본을 쓰고 카톡 방에 올리면 피드백을 해주는 시간도 있었다. 카톡 방에 있는 인원은 130명이 조금 넘었다. 강사님이 릴스 대본을 무료로 피드백을 해준다기에, '강사 한 분이 이렇게 많은 인원을 피드백을 해주실 수 있을까? 대충 해주려나?' 의아했다. 이것은 나의 기우였다.

피드백 신청을 130여 명 중에 과연 몇 명이나 했을까? 카톡 대화를 보다 보니 질문하는 사람은 약 17명 정도였다. 질문도 하는 사람들만 계속했다. 이 중에서 피드백 신청을 한 사람은 겨우 5명뿐이었다. 130여 명 중의 5명밖에 되지 않다니 놀라웠다. 심지어 무료인데 말이다. 피드백 신청을 극소수만 하리라는 것을 강사님은 이미 알고 있는 듯했다.

나도 피드백을 신청하지 않은 사람 중 하나였다. 피드백을 공개적으로

4장 사업하다 보니 비로소 보이는 것들

하다 보니 최대한 완벽하게 대본을 쓰고 싶었다. 수정하고 또 수정하느라 시간만 계속 흘러갔다. 아무리 고쳐도 마음에 들지 않았다. 생각을 너무 많이 하다 보니 제풀에 지쳐 흥미를 잃었다. 생각할수록 더 어렵게 느껴졌고 결국 나는 손을 놓게 되었다.

인스타 팔로워가 300명대였던 H 님은 끊임없이 질문했던 분 중 한 명이었다. 강사님이 꽤 날카롭게 피드백을 해줬는데도 굴하지 않고 질문 폭격을 했다. H 님은 질문하면서 받은 피드백을 반영하여 대본을 만들었다. 영상에서 목소리 크기는 어떤지, 자막 크기는 적정한지 카카오톡 단체방에 있는 동기들에게도 질문하면서 피드백을 요청했다. 누가 봐도 열심히 노력하는 H 님을 다들 한마음으로 응원해 주었다. 이런 노력 덕분인지, 인스타 팔로워가 300명이었던 H 님은 두 달도 안 되어서 1만 팔로워를 보유하게 되었다. 톡 방에 있던 어떤 분이 H 님에게 질문했다.

"어떻게 그렇게 열심히 하세요? 혹시 현재 일을 안 하고 계시는가요?"
H: "직장인입니다. 출퇴근 시간에 대본 쓰고, 점심시간에 영상 편집을 하고 있습니다."
"어떻게 매일 꾸준히 하세요?"
H: "일단 그냥 하는 거죠. 뭐."

육퇴 후, 방구석 문방구 오픈합니다

H 님의 답변에 왠지 모르게 힘이 빠졌다. 어떤 특별한 비법이라도 있길 바랐다. 다이어트엔 적절한 운동과 식단 조절이 정답이라는 것을 알지만, 살이 쭉쭉 빠지는 마법의 알약이라도 있길 바라는 것처럼 말이다. 하다못해 백수이길 바랐다. 직장인인데 틈나는 대로 하는 것이었다니. 저분은 시간이 많아서 저렇게 할 수 있는 거라며 합리화할 수도 없었다. H 님처럼 나도 무작정 덤벼들었다면 결과는 어땠을까.

도전은 무모하게

굿즈를 만들고 싶은데 통장이 텅텅 비었다. 아이와 남편이 동시에 치과 치료를 받는 바람에 목돈이 훅 나갔다. 돈이 나갈 일은 왜 한 번에 오는 것인지. 이것 말고도 여기저기서 돈 쓸 일이 잔뜩 몰렸다. 자본금이 없다는 자괴감에 사업을 접어야 하나 생각까지 했다.

자본금 없이 할 수 있는 것이 없나 생각해 보았다. 그러고 보니 이모티콘 제작에는 제작비가 들지 않았다. 이모티콘은 규격에 맞춰서 그림을 그리고 제출만 하면 끝이었다. 물론 심사 기준은 아주 까다롭지만 말이다. 유명한 이모티콘 작가들도 수많은 제안을 하고 겨우 승인받는다는 것은 익히 알고 있었다. 그래서 무작정 이모티콘 강의를 신청했다. 해 보지 않은 분야는 강의를 듣는 것이 최고의 지름길이라는 것을 알기에 주저 없이 신청했다. 다행히 강의비가 비싸지 않아서 수강할 수 있었다.

4장 사업하다 보니 비로소 보이는 것들

카카오 이모티콘은 승인 장벽이 높아서 라인(LINE) 이모티콘과 모히톡
(mojitok)부터 도전하게 되었다. 이모티콘 강의에는 과제가 있었는데 보증
금 3만 원을 내야 했다. 과제를 다 수행하면 3만 원을 돌려주는 식이었다.
과제는 총 세 가지였고, 과제 하나를 수행하지 못할 때마다 보증금에서 만
원씩 차감되는 방식이었다. 그 과제의 최종 목표는 이모티콘 제출을 하는
것이었다. 보통 강의를 듣고서 나중에 해봐야지 하고 많은 사람이 결국 안
한다. 이를 예방하기 위해 강사님이 특단의 조치로 만든 시스템이었다.

나는 한 푼이 아쉬웠던 터라, 보증금 3만 원을 돌려받기 위해 과제를 빠
짐없이 했다. 다행히 어려운 과제는 아니었다. 강제성이 있다 보니 이모티
콘을 기한 내에 제출할 수 있었다. 그렇게 모히톡과 라인 이모티콘을 승인
받게 되었다. 누구나 마음먹으면 할 수 있는 것이었지만, 나도 할 수 있구
나라는 자신감이 생겼다. 가끔은 이렇게 낮은 목표를 설정하고 도전해서
성취감을 맛보는 것도 동기 부여에 큰 도움이 된다.

이모티콘을 제안하는 과정의 한 사이클을 겪어보니, 이론으로 들었을 때
보다 훨씬 와닿고 기억도 오래갔다. 다음엔 한 단계 더 높은 곳을 도전하고
싶은 마음도 생겼다. 일단 저질러 본 무모한 도전이 많은 용기를 준다는 것
을 깨닫는 순간이었다.

이모티콘 승인을 못 받았다 하더라도 이모티콘 제출까지 직접 해봤으니
이 또한 한 단계 발전한 것이다. **무모하더라도 일단 해 보는 것이 큰 경험**

육퇴 후, 방구석 문방구 오픈합니다

이 된다. 도전을 몸소 실천한 것과 안 한 것은 천지 차이다.

실천 또한 무모하게

유튜브에서 강의를 듣다 보면 유료 강의 못지않은 꿀팁을 방출하는 경우가 많다. 그럼 사람들은 이런 질문들을 많이 한다. "이렇게 다 퍼줘도 괜찮나요?", "업계에 경쟁자가 더 생길 텐데 왜 다 퍼주나요?"라고 말이다. 그 유튜버는 이렇게 말했다.

"이렇게 다 알려줘도 몇 명이나 할 것 같아요? 정말 하시는 분은 5%도 안 될 겁니다. 여러분 이렇게 알려줘도 안 할 거잖아요. 겨우 한두 명 할까 말까일걸요?"

양심에 찔렸다. 나에게 이야기하는 것 같았다. 나 역시도 나중에 해봐야지 하고 미룬 것이 백만 가지는 될 것이다. 나중에 시간 되면, 상황 되면, 돈이 좀 넉넉하면 등 수많은 핑계를 대면서 말이다. 하지만 모든 게 완벽하게 준비된 시간은 없었다.

출산하고 나니 더욱 그랬다. 아이는 생각보다 자주 아팠고, 육아도 벅찬 마당에 나만의 시간을 갖는 건 사치였다. 결혼하니 예상치 못한 돈이 갑자기 나가는 일도 자주 생겼다.

4장   사업하다 보니 비로소 보이는 것들

뭘 하려고 하면 '아이 낳기 전에 할걸, 결혼 전에 할걸….' 후회하는 마음이 자꾸 생겼다. 아이가 커갈수록 돈은 더 많이 들 것이고, 내 체력도 한 살이라도 젊을 때와는 다를 테니 후회는 더 할 것 같았다. 오늘의 내가 가장 젊다는 말을 항상 되새기며 더 후회하지 않게 나의 에너지가 닿는 대로 일단 해 보기로 했다.

"~할 걸."이라고 말만 반복하고 정작 행동을 하지 않는 사람을 같은 말을 반복하는 앵무새에 빗대어 '껄무새'라고 한다. '이것이 정말 될까?'라는 생각은 일단 해 보고 생각해도 늦지 않는다. 무모한 도전이 성공을 가져다 줄지 누가 알겠는가. 실패는 하더라도 적어도 '껄무새'는 되지 말자고 오늘도 다짐해 본다.

육퇴 후, 방구석 문방구 오픈합니다

3

남과 비교하는 순간
사업은 망한다

어느 분야든 잘나가는 업체는 있기 마련이다. 인기 많은 업체를 볼 때마다 나의 처지와 비교되면서 부러운 마음이 생기기도 한다. 사람이라면 부러운 마음이 드는 것이 정상적인 감정이다. 우리는 이 마음을 잘 이용해야 한다. 부러움의 감정을 이용하여 스스로를 발전시키면 다행이지만, 열등감에 절인 시기 질투까지 가면 곤란하다.

남 탓을 자주 하는 사람은 더욱 조심해야 한다. 이런 사람은 경쟁 업체 때문에 내 매출액이 하락하는 것이라며 책임을 돌리기 십상이다. 경쟁 업체가 어떤 사정이 생겨서 사라진다 해도 잘나가는 업체들은 계속 생긴다. 타 업체를 싸울 상대로 여긴다면 그 수는 무한대로 끝이 없다. 새도복싱을 하는 것이나 다름없다. 싸워야 할 상대는 경쟁 업체가 아닌 바로 나 자신이다. 어제보다 더 나은 성장을 위해 게으른 나와 싸워야 한다. **진정한 동기 부여는 내 안에서 나온다는 것을 잊지 말자.** 남과 비교하는 것은 아무 소득

185

이 없다.

비교가 아닌 배우는 자세로

"자신을 그 누구와도 비교하지 마라. 자기 자신을 모욕하는 행동이다."
- 빌 게이츠

막 시작한 사업은 불안정함이 디폴트 값이다. 불안정하기에 불안함을 느낀다. 불안한 마음에 여기저기 비교를 한다. 우리는 비교가 아닌 '분석'을 해야 한다. 잘 되는 브랜드는 분명 이유가 있다. '이 업체는 왜 잘 됐을까? 어떤 점이 고객을 끌어들이는 것일까?' 하고 잘 살펴보자. 아는 만큼 보인다고 처음엔 아는 게 없어서 눈에 잘 안 보인다.

사업 극초기의 나는 잘 나가는 업체를 보고 왜 인기가 많은지 딱히 이유를 알지 못했다. 신기하게도 내 경험이 쌓이고 업계가 돌아가는 과정을 보다 보니, 어느 순간부터 그 브랜드의 성공 요소가 눈에 들어오기 시작했다. 아이디어에 감탄하기도 하고 꼼꼼함과 지속성에 존경스럽기도 했다. 배우는 관점으로 바라보면 배울 점이 하나둘 보이기 시작한다. 그럴수록 내가 해야 할 일도 명확해졌다.

사업 초기에 일이 없다면 무언가 놓치고 있는 건 아닌지 살펴볼 필요가

육퇴 후, 방구석 문방구 오픈합니다

있다. 1인 사업은 마케팅부터 제작, 관리 등 모든 것을 다 해야 하니 할 일이 어마어마하기 때문이다. 내가 나서서 배우지 않으면 누가 먼저 나서서 가르쳐 주지 않는다.

처음엔 뭐부터 해야 할지 감조차 안 온다. 이럴 때 남의 사업은 좋은 선생님이 될 수 있다. 망한 경우라면 반면교사 삼으면 되고, 대박 난 사업이면 배울 점을 찾아서 참고하면 된다. 나와 관련된 사업에서만 배우는 것보다 다양한 분야를 참고하는 것을 추천한다. 국내뿐만 아니라 해외 브랜드도 좋은 선생님이 될 수 있다. 생각지 못했던 아이디어가 떠오를 것이다.

경쟁이 아닌 협업하는 관계

바야흐로 콜라보의 시대이다. '콜라보'는 컬래버레이션(Collaboration)의 줄임말로, '협업'을 뜻한다. 요즘 눈에 띄게 활발히 협업하는 브랜드라 하면 단연 '산리오'일 것이다. 최근 일본 캐릭터 회사인 산리오 열풍이 대단하다. 흔히 볼 수 있는 헬로키티, 시나모롤, 쿠로미 등이 바로 산리오 회사의 캐릭터이다. 딸 가진 엄마라면 더 친숙할 것이다. 산리오 캐릭터들은 다양한 세대에 걸쳐 사랑받으며 많은 기업과 협업을 이어가고 있다.

분야도 다양하다. 카카오 프렌즈부터 이디야, 메가커피 같은 커피 프랜차이즈 기업들과 손잡고 굿즈를 출시하기도 했다. 이뿐만 아니라 이니스프리와 같은 화장품 회사나 레스포색 같은 가방 브랜드와도 콜라보를 진행했

4장 사업하다 보니 비로소 보이는 것들

다. 산리오의 행보를 보면 협업의 세계는 정말 넓다는 것을 알 수 있다.

이런 협업이 대기업들만 이루어지는 것은 아니다. 작은 1인 기업도 대기업과 협업하는 때도 있고 작은 기업끼리 뭉치기도 한다. 일러스트 페어에 가보면 각자의 캐릭터를 함께 디자인하고, 굿즈를 출시하는 경우도 왕왕 있다. 서로 경쟁하는 것이 아닌 힘을 합치는 것이다. 함께 제작함으로써 제작 부담도 덜 해지고, 홍보는 두 배 이상의 효과가 있다. 굿즈를 제작한다는 것은 곧 단가 싸움이다. 1인 기업은 대기업처럼 제품마다 물량을 몇만 개를 제작할 수 없다.

이에 대한 해결책으로 나는 여러 문구 작가들과 힘을 합쳤다. 공동 제작을 하여 단가를 낮추기로 했다. 다 같이 협력함으로써 나타나는 시너지 효과는 굉장했다. 여럿이 함께 제작하는 경우에는 각자 일정에 맞출 수 없기에 마감 기간을 정하고 진행한다. 이러면서 강제성이 자연스레 생긴다. 혼자 했다면 미루고 싶은 유혹에 몇 번이고 미뤘을 것이다. 사업에 관한 고민이나 정보도 얻는다. 마켓 정보를 얻는다던가 인쇄 품질이 좋았던 프린터기, 종이 등 많은 정보를 주고받는다. 시간이 맞는 사람들끼리 오프라인 모임을 갖기도 한다.

소품샵에 입점했다면 소품샵과 협업을 할 수도 있다. 최근 대전에 있는

육퇴 후, 방구석 문방구 오픈합니다

무인 소품샵에 입점을 했다. 이곳은 매달 특정 브랜드를 지정하고 팝업 행사를 연다. 소품샵은 이렇게 함으로써 매달 이벤트를 진행한다는 체계적인 시스템을 어필할 수 있다. 팝업 행사가 열린 브랜드는 덤으로 홍보되니 일거양득이다.

협업은 나 혼자 진행하는 것이 아니기에 아무 때나 할 수 있는 것이 아니다. 협업의 기회가 온다면 꼭 잡길 바란다. 그러기 위해서는 어제보다 더 나은 내가 되기 위한 세팅을 꾸준히 해야 한다.

4장 사업하다 보니 비로소 보이는 것들

움직이지 않으면
아무 일도 일어나지 않는다

비범한 미래를 바란다면

"평범한 행동을 하면서 나의 미래는 좀 비범한 미래가 오기를 바란다? 그
거는 정신병입니다."
– '돈쭐남' 김경필

'돈으로 혼쭐내는 남자'의 줄임말인 '돈쭐남'이라고 불리는 김경필 재테크
전문가가 한 말이다. 뼈아픈 팩트 폭행에 마음은 아픈데 자꾸 웃음이 나왔
다. 그것은 내 행동에 대한 민망함의 웃음이었을 것이다. '아! 나는 정신병
이었구나!' 생각하니, 하루빨리 고쳐야겠다는 생각이 들었다. 남들 하는 만
큼만 하면서(혹은 덜 할지도…) 대박을 꿈꾸니 정신병이 맞았다. 왜 이런
간단한 이치를 모르고 지냈을까.

육퇴 후, 방구석 문방구 오픈합니다

이사 온 동네에서 친해진 A 언니가 있다. A 언니는 나의 문구 사업을 보고 깊은 관심을 보였다. 그 당시는 내가 사업을 시작한 지 겨우 6개월에 접어들고 있을 때였다. 시행착오를 겪으며 멘붕의 연속인지라 내심 외로웠던 것일까? 언니도 문구 사업을 해 보고 싶다는 말에 사업 동지가 생겨서 기쁘고 설렜다. 그래서 언니를 적극적으로 지원해 주기로 했다. 캐릭터 저작권을 등록하는 방법부터 유용했던 강의와 굿즈 제작하는 업체도 소개해 주었다.

"언니! 얼른 준비해서 페어에 같이 나가요~!"

"내 것이 팔릴까? 안 팔리면 어떡하지?"

문제는 A 언니의 두려움이었다. '만들어놓은 굿즈가 팔리지 않을까 봐'에 대한 걱정이 언니의 도전을 가로막았다. 나 역시도 겪은 두려움이기에 충분히 공감됐다. 두려움은 우리가 뭘 하고자 하는 움직임을 방해한다는 것을 너무나도 잘 안다. 이 두려움을 떨쳐내려면 어떻게 해야 할까? 그 해답은 실패 요인을 최대한 없애는 것이다. 실패를 최소한으로 줄이도록 대비책을 세워야 두려움을 누를 수 있다.

나는 겁도 많고, 걱정도 많다. 그래서 항상 여러 가지 최악의 변수들을 생각하고 대비한다. 실패 요인을 하나라도 줄이기 위해서다. 예를 들면 이렇다. 키링을 제작하기로 마음먹었다고 가정해 보자. 이때 실패 요인을 줄이려면 어떻게 해야 할까? 고객들의 구매 여부는 내가 제어할 수 없는 영역이다. 내 손에서 해결할 수 있는 요인을 생각해야 한다.

키링이 완성품으로 나왔을 때 최대한 불량이 없도록 좋은 업체를 찾는 것이 첫 번째이다. 단가 역시 맞도록 여러 군데 자료 조사를 한다. 또한 칼선 작업을 제대로 했는지, 내가 원하는 색감을 구현할 수 있는 업체인지, 크기는 적당한지 등을 점검한다.

샘플을 뽑아보는 것도 하나의 대비책이 될 수 있다. 샘플 비용이 아까워서 바로 100개 발주를 했다가 내 실수로 불량이 났다면, 이는 바로 손실로 이어진다. 이렇게 **실패 요인을 하나씩 제거하다 보면 어느 정도 진행해도 되겠다는 '깡'이 생긴다.**

팔릴지 안 팔릴지는 시장에 내놓지 않으면 모르는 일이다. 최선을 다해 디자인하고 믿을만한 업체에 맡기는 것이 내가 할 수 있는 최선의 일이다. 만약 팔리지 않으면 내가 늙어 죽을 때까지 평생 쓰겠다고 마음먹었다.

그 후로 3년이 지났다. 어떻게 됐을까? 3년 전에 내가 스마트 스토어에 올린 제품은 20여 개 남짓이었다. 3년이 지난 지금은 60여 개가 됐다. 캔들 상품까지 더하면 총 제품 수는 70여 개에 다다랐다. A 언니는 몇 가지의

육퇴 후, 방구석 문방구 오픈합니다

샘플을 뽑은 것이 다였다. 제품이 얼마 없는 언니는 페어에 참여할 수 없었다. 스마트 스토어를 오픈했더라도 꾸준한 움직임이 없었다면, 나 역시도 페어에 나갈 수 없었을 것이다.

여러 제품을 출시하면서 느낀 것은 내 예상대로 흘러가지 않는 경우가 많다는 것이다. 작업 결과물이 마음에 들어서 내놓자마자 품절되면 어떡하나 걱정하던 제품이 반응이 별로였던 반면에, 내 성에 안 차는 제품이 오히려 반응이 좋기도 했다. 이는 나만 겪는 일이 아니라 주변 사업가들도 흔하게 겪는 현상이다. 결국 끊임없이 움직이고 시도해야 고객들의 반응이라도 알 수 있는 것이다. 움직이지 않으면 아무것도 알 수 없다.

사소한 움직임이 인생을 바꾸기도 한다

아이와 도서관을 다니면서 만화로 된 에세이에 푹 빠져있던 시기가 있었다. 문득 대학교를 졸업한 후, 도서관에 얼마나 갔는지 곰곰이 생각해 봤다. 놀랍게도 단 한 번도 없었다. 도서관에 온 것도 아이가 책과 친해지면 좋겠다 싶어서 오게 된 것이다. 글만 있는 책은 어지러운데 만화 에세이는 그나마 볼 만했다. 글만 잔뜩 있는 책을 보면 '어휴, 이걸 언제 다 읽어? 난 책을 읽을 만큼 여유 있지 않아.'라고만 생각했다. 이렇게 독서는 나와 인연이 없는 존재였다.

4장 사업하다 보니 비로소 보이는 것들

독서와 거리가 멀었던 나에게 큰 변화를 불러일으킨 것은 개그맨으로 알고 있던 고명환 작가의 『이 책은 돈 버는 법에 관한 이야기』를 읽고 나서부터다. 글이 잔뜩 있는 책을 멀리한 내가 이 책을 읽은 이유는 세 가지였다.

첫 번째 이유는 돈 버는 법에 관한 이야기가 대체 무엇일까 궁금했다. 두 번째는 내가 한때 좋아했던 개그맨이라 반가웠다. 세 번째는 작가가 개그맨이니 책도 재밌지 않을까 싶었다. 이렇게 단순한 마음으로 읽게 된 책으로 나는 인생이 바뀌었다고 할 정도로 큰 변화가 생겼다.

바로 이 책에 소개된 '10쪽 독서법' 덕분이다. 10쪽 독서법은 여러 종류의 책을 딱 10쪽씩만 읽는 것이다. 이것은 가히 나에게 획기적인 방법이었다. 읽는 방법만 바꿨을 뿐인데 효과는 대단했다. 읽을 책 한 권을 정했다면, 당연히 처음부터 끝까지 읽고 다른 책으로 넘어가야 한다고 생각했다. 아무도 그러라고 하지 않았는데 왜 그런 고정 관념이 박혀 있었을까? 10쪽만 읽으면 되니 글만 잔뜩 있는 책이라도 전혀 부담되지 않았다.

고명환 작가가 소개한 방법은 10쪽씩 읽되, 여러 권을 읽는 방식이다. 그럼 헷갈리지 않을까 싶은데 신기하게도 그렇지 않았다. 오히려 10쪽씩만 읽으니 내용에 더 집중할 수 있었다. 책을 처음부터 읽다가 중간에 포기한 적이 많았는데, 10쪽 독서법으로 읽으니 완독이 너무나 수월해진 것이다. 10쪽만 읽으면 되니 바빠서 책 읽을 시간이 없다는 핑계도 갖다 붙일 수 없었다. 무엇보다 한 권을 언제 다 읽느냐는 막막함이 없어졌다.

육퇴 후, 방구석 문방구 오픈합니다

하루하루 10쪽씩 책을 읽게 된 나는 놀라운 변화가 생겼다. 나는 어렸을 때부터 밥 먹을 때는 늘 TV 프로그램과 함께했다. 그런데 10쪽 독서법을 실천하며 독서에 재미를 붙이니, 내가 TV 대신 책을 읽고 있었다. 내가 책을 보면서 밥을 먹다니! 책과 멀리한 예전의 나로서는 전혀 상상할 수 없는 모습이다. 나는 밥 먹을 때도, 자기 전에도 책을 읽다가 잠드는 것이 루틴이 되어버렸다.

그저 조금씩 여러 종류의 책을 읽었을 뿐인데 내 생활 루틴까지 180도로 바뀌어버렸다. 독서를 하면서 마음에 드는 문장을 적기도 했다. 그러면서 필사에 관심이 생기기 시작했고 독서 모임까지 나가게 됐다.

더 나아가서 내 캐릭터들로 그림책을 만들고 싶다는 꿈도 생겼다. 지금은 원고까지 쓰고 있으니 얼마나 놀라운 변화인가. 책과 멀리했다면 내가 책을 쓰고 싶다는 생각조차 못 했을 것이다. 사소한 습관이 점점 다른 영역으로 확장되었고, 이렇게 된 데는 고작 1년도 걸리지 않았다. 내 삶을 바꾸는 데 있어서 거창한 움직임이 아니어도 된다는 것을 몸소 겪었다. 사소한 움직임이 삶을 통째로 바꿀 수도 있다.

4장 사업하다 보니 비로소 보이는 것들

5

열정을 불러일으키는
'착한 욕심'

엄마의 말을 들어보면 나는 어릴 때부터 욕심이 별로 없었다. 뭐 갖고 싶냐고 물어보면 도리도리하면서 다 싫다고 했다. 어릴 때라 기억이 잘 나진 않지만 내 기억에도 딱히 욕심부린 것이 없었던 것 같긴 하다. 욕심이란 무엇일까? 욕심의 사전적 의미는 아래와 같다.

욕심: 분수에 넘치게 무엇을 탐내거나 누리고자 하는 마음

무언가를 욕심을 부린다고 하면 안 좋은 이미지부터 떠오른다. 그래서 그런지 욕심은 보통 부정적인 의미로 많이 쓰인다. 그 이유는 욕심으로 인해 다른 사람에게 피해를 주거나, 범죄로 이어지는 경우가 많기 때문일 것이다. 이런 부정적인 의미의 욕심은 영어로 'Greed'라고 표현한다. 돈이나 권력을 부정적으로 탐낼 때 쓰는 단어이다.

반면에 긍정적인 뉘앙스인 단어 'ambition'이 있다. 'ambition'은 성장,

육퇴 후, 방구석 문방구 오픈합니다

발전과 같은 긍정적인 목표를 이루기 위한 야망을 말한다. 우리에게 필요한 욕심은 이것이다. 나는 이를 '착한 욕심'이라고 부르기로 했다. 내 목표에 착한 욕심을 더하면 이만한 좋은 동기부여가 없다. 착한 욕심을 가지면 노력은 당연히 뒤따라온다.

전업주부는 현실에 안주하기 쉬운 환경에 있게 된다. 내가 하고 싶은 일이 생겨도 마음먹기가 쉽지 않다. 일하지 않아도 남편이 번 돈으로 그럭저럭 생활이 굴러가기도 하고, 집안일과 육아에 얽매여 있기 때문이다. 그래서 웬만한 의욕으로는 시작조차 어려운 것이 현실이다. 마음을 먹는 것도 한참 걸리고 실행에 옮기는 것은 더더욱 오래 걸린다.

내가 문구 사업을 하는 것을 보고 주변에서도 관심을 두는 사람들이 꽤 있었다. 흔한 직업이 아니다 보니 튀었을 것이다. 그림만 그리면 되는 거 아니냐며 쉽게 생각하는 이도 있었다. 그저 신기하고 쉬워 보인다고 한번 해 볼까 하는 마음으로는 강의를 끝까지 듣는 것조차 버거울 것이다. 무언가를 이루고자 하는 욕심이 없기 때문이다.

욕심이 없다면 목표도 세울 수 없다. 이럴 때 착한 욕심이 필요하다. 누리고 싶은 마음이 과하게 있어야 겨우 행동으로 이어진다. 처음 문구 사업을 하고자 마음을 먹고도 몇 번을 주저했다. 굿즈를 제작하는 강의를 들을 때마다 어려워서 현타(현실 자각 타임)가 자주 왔다. 괜히 돈만 까먹는 건

4장 사업하다 보니 비로소 보이는 것들

아닌지 너무 늦게 시작한 건 아닌지 걱정도 되었다. 엄마는 아이나 잘 키울 것이지 뭘 하려고 하냐며 편잔을 줬다. 딸이 고생길로 가는 것 같아서 하신 말이었겠지만 안 그래도 불안한 마음에 기름을 붓는 격이었다.

그럼에도 포기하지 않을 수 있었던 것은 해내고 싶은 '욕심' 때문이었다. 무언가를 열정적으로 하고자 하는 마음이 나쁜 것이 아닌 건 분명하다. 그럼 이 감정은 무엇이란 말인가. 아무도 나에게 일하라고 등 떠민 것도 아닌데, 나는 왜 스트레스를 받으면서까지 이것을 하려고 하는 것인가? 스스로가 이해가 가지 않았다.

일을 벌여놓고 포기해도 나에게 뭐라고 할 사람은 아무도 없었다. 하지만 포기하면 수포로 돌아가는 것이 싫었다. 그래서 끊임없이 연구했다. 막히던 게 해결되면 성취감은 덤으로 따라왔다. 성장하고 싶은 욕구가 'ambition'의 욕심이었다는 것을 나중에야 깨달았다. 착한 욕심이 어떻게든 해내야겠다는 행동으로 이끌어 준 것이다.

처음엔 스티커와 마스킹 테이프 정도만 만들어볼 생각이었다. 내가 쓰거나 아이에게 나눠줄 생각으로 만들었다. 그런데 막상 굿즈들을 만들고 나니 다른 것도 만들고 싶은 욕심이 생겼다. 그렇게 발동한 착한 욕심은 실로 대단했다. 만들 수 있는 게 뭐가 있을지 나도 모르게 온종일 생각했다. 실생활에 쓰는 물건들을 소비자가 아닌 생산자 관점에서 바라보게 되었다.

육퇴 후, 방구석 문방구 오픈합니다

'저걸 만들면 단가는 얼마일까? 내 캐릭터와 접목한다면 어떤 색상이 인기가 많을까?' 하며 이런저런 생각이 머릿속에서 꼬리에 꼬리를 물었다. 하고 싶은 욕심이 커지니 당장 실행에 옮기고 싶어졌다.

생활비를 줄여가며 돈이 없으면 없는 대로 있으면 있는 대로, 제작할 수 있는 범위 내에 있는 굿즈를 만들기 시작했다. 손거울도 만들고 비교적 단가가 낮은 엽서, 패브릭 포스터, 메모지 등을 만들었다. 그렇게 굿즈 종류는 점점 늘어났다. 굿즈 종류가 늘어나니 판매도 하고 싶은 욕심이 생겼다. 이왕이면 잘 팔고 싶어서 홍보에 관한 공부도 했다. 그래서 영상 편집을 공부하고, 연습하고, 홍보 영상을 만들었다. 이렇게 욕심은 끊임없이 파생되고 새로운 목표를 만들어냈다. 새로운 목표는 내가 나아갈 방향도 정해준다. 이 계기로 배운 영상 편집은 또 다른 취미가 되었다.

착한 욕심과 친해지자

착한 욕심은 많이 부릴수록 좋다. 욕심으로 인해 무언가를 이루기 위해서 어떻게 해야 하는지 끊임없이 방법을 찾게 된다. 성공한 사람들은 '착한 욕심'이 많은 것이 우연은 아닐 것이다. 세계적으로 유명한 투자 전문가인 워런 버핏은 어린 시절부터 투자에 관심이 많았고, 성공하고자 하는 착한 욕심이 발동해 그를 공부하게 했다. 그도 분명 많은 실패와 시행착오를 겪

4장 사업하다 보니 비로소 보이는 것들

었을 것이다. 그런데도 꾸준히 시도할 수 있었던 것은 이루고자 하는 욕심 덕분이다.

내가 존경하는 사람 중에는 수능 강사로 유명한 이지영 강사가 있다. 보통 수능의 주요 과목인 국·영·수 과목의 강사가 주목을 받지만, 그녀는 사회탐구 영역의 강사임에도 많은 명언으로 울림을 주며 유명세를 떨치고 있다. 그녀는 뼈 때리는 조언을 하기로도 유명하다. 그녀는 이렇게 말한다.

"노력이라는 것은 남들이 하는 만큼 다 하고, 그것보다 조금 더 했을 때, 그때부터 노력입니다."

여기서 남들만큼 다 하고 더 노력하는 에너지야말로 욕심에서 나온다. 남들이 하는 만큼 하는 것도 쉬운 일이 아니다. 여기서 나아갈 힘이 강력해야 한발 더 나아갈 수 있다. 그 역할을 착한 욕심이 한다. 착한 욕심은 많이 가지고 있어도 비난받지 않는다. 오히려 이루고자 노력하는 모습에 칭찬받는다.

이런 착한 욕심을 남편은 진작부터 잘 이용하였다. 남편은 토목과를 전공했지만 현재 하는 일은 프로그래밍 개발자다. 20대 후반에 프로그래밍을 교육원에서 배운 터라 남들보다 늦게 시작한 경우였다. 남편은 늦게 시작했다고 좌절하지 않았다. 잘하고자 하는 욕심은 남편을 노력파로 만들어

주었다. 술을 마시고 집에 들어왔어도 프로그래밍 개발을 공부하고 자야
직성이 풀렸다.

취업하고 나서도 동기와 실력 차이가 나면 열심히 공부했다. 잘하고자
하는 욕심이 노력으로 이어진 것이다. 남편과 나는 20대의 대부분을 함께
해서 이런 과정을 다 지켜봤다. 착한 욕심으로 성장하는 남편을 보며 그 힘
이 대단하다는 것을 느꼈다.

나쁜 욕심은 나 자신을 갉아먹지만, 착한 욕심은 나를 성장시킨다. 오늘
도 나는 어제의 나보다 나아지는 욕심을 부려본다. 거창하게 하지 않아도
된다. 어제 책을 한 장 읽었다면 오늘은 두 장 읽어보자. 욕심내서 조금만
더 나아가면 성장은 뒤따라올 것이다.

4장   사업하다 보니 비로소 보이는 것들

6

불안과
나란히 걷는 연습

아이와 〈인사이드 아웃 2〉라는 영화를 보았다. 1편은 보지 않았는데, 영화가 워낙 흥행해서 2편이 나오면 꼭 보리라 다짐했던 영화였다. 마침 아이도 보고 싶다기에 영화관으로 달려갔다. 〈인사이드 아웃〉은 사람의 감정 하나하나에 캐릭터를 부여하는 점이 독특하다. 이 감정 캐릭터들은 인간의 머릿속에 있는 감정 컨트롤 본부라는 곳에서 감정을 조절한다. 감정을 의인화함으로써 감정의 성격이나 특징을 잘 드러낸다.

〈인사이드 아웃 2〉에는 1편에는 나오지 않았던 '불안이'라는 캐릭터가 새로 등장한다. 주인공 '라일리'가 사춘기에 접어들면서 불안한 감정의 존재가 커진 것이다. 불안이는 불안한 감정이 적당히 있다면 동기부여에 도움이 되지만, 과해지면 오히려 일을 그르친다는 것을 잘 보여준다.

영화 주인공 라일리는 선망하던 하키팀에 들어가고 싶어서 열심히 노력한다. 우연히 하키 실력을 보여줄 기회가 오지만, 경기가 뜻대로 풀리지 않

육퇴 후, 방구석 문방구 오픈합니다

자 라일리의 머릿속에 있는 불안이는 점점 초조해한다. 불안한 감정으로 인해 자아감이 흔들리게 되어, 라일리는 '난 항상 부족해', '난 왜 이럴까?' 라며 자책을 한다. 그러면서 부정적인 자아가 형성되기 시작한다.

영화 감상평을 보면 불안이가 초조하다 못해 정신을 못 차리는 모습을 보고 눈물을 흘렸다는 후기가 많다. 나 역시도 그 장면을 보고 눈물이 났다. 내 머릿속에 있는 불안이도 이렇게 애쓰고 있었다고 생각하니 나의 불안이에게 미안한 마음이 들었다.

1인 사업을 하면 모든 것을 내 마음대로 할 수 있다는 장점이 있지만, 그 책임 또한 혼자 짊어져야 한다는 것이 단점이기도 하다. 내가 지금 잘하고 있는 것인지 알 수 있는 뚜렷한 지표도 없다. 그래서 불안한 마음이 과해질 때가 자주 있다. 〈인사이드 아웃 2〉에 나온 내용처럼 불안한 감정이 많아지면 초조한 마음에 객관적인 판단이 흐려진다.

그렇다고 불안한 마음이 전혀 없다면 현실에 안주하여 아무 생각 없이 살았을 것이다. 인간은 서면 앉고 싶고, 앉으면 눕고 싶은 법이다. 당장은 편하겠지만 그렇게 되면 발전이 없다. 노후가 불안하니 저축이라도 하게 되는 것처럼, 불안이는 있어야 할 존재임은 분명하다. 사업을 이제 막 시작했다면 발전을 위해 어느 정도의 불안함과 친하게 지내야 한다. 제일 친한 친구처럼 친해지는 것보다 가끔 안부를 주고받는 정도의 친구처럼 말이다. 이것이 동기부여 역할을 톡톡히 해줄 것이다. 그렇다면 불안이라는 친구가

4장　사업하다 보니 비로소 보이는 것들

놀러 와서 우리 집에 눌러앉아 버릴 때는 어떻게 대처하는 것이 좋을까?
내가 쓰는 방법은 세 가지이다.

1. 너무 초조할 때는 집 안 정리를 한다

물건이 어지럽혀져 있으면 마음도 어지러운 법이다. 가정주부들은 특히
공감할 것이다. 집안일이 쌓여 있으면 눈에 계속 거슬린다. 이것들이 눈에
밟히면 쉬어도 쉬는 것 같지가 않다. 결국 내가 할 일이라는 것을 누구보다
잘 알고 있기 때문이다.

집안일은 당장 해결하기 쉬운 일 중의 하나이다. 빨랫감이 쌓였다면 빨
래를 하면 되고, 설거지통에 그릇이 쌓였다면 설거지를 하면 된다. 문제를
바로 해결하고 실행하기 쉬운 것부터 해결하자. 서랍 한 칸만 정리하는 것
도 좋다. 귀찮음을 극복하고 집안일을 해냈다는 성취감이 불안한 마음을
가라앉혀 줄 것이다. 평소 버리고 싶었던 물건을 버리면 더 좋다.

실제 심리치료 방법 중에 이런 것이 있다. 종이에 걱정거리나 없애고 싶
은 기억을 떠올리며 적는다. 그러고 나서 적힌 종이를 쓰레기통에 버린다.
머릿속에 있던 무언가를 종이에 적어 시각화한 다음, 버리는 것을 내 눈으
로 직접 보는 것이다. 버리고 싶은 것을 내 눈으로 직접 봤기 때문에 머릿
속에서 정말 떠난 것처럼 느껴진다는 것이다. 안 쓰는 물건을 정리하면서
나에게 도움 되지 않는 감정들도 같이 정리하면 불안함도 함께 정리될 것
이다.

육퇴 후, 방구석 문방구 오픈합니다

2. 동종 업계의 사람들과 소통한다

혼자 일하다 보면 다람쥐 쳇바퀴 돌 듯이 일상이 반복되는 느낌이 들 때가 있다. 우리는 인터넷의 발달로 소통하기 좋은 세상에 살고 있다. 동종 업계에 있는 사람들이 활발하게 활동하고 있는 SNS가 무엇인지 알아보자. 고민을 털어놓았을 때 동종 업계만큼 공감해 주는 곳이 없다. 같이 문제를 해결해 주기도 하고 예상하지 못한 꿀팁을 얻기도 한다.

말랑 키링(PVC 에폭시 키링)이 유행했을 때였다. 말랑 키링을 제작하고 싶은데 최소 수량이 1,000개 이상인 탓에 엄두도 못 냈다. 큰 기업에서는 적은 수량이지만 1인이 운영하는 작은 업장에서는 굉장히 부담스러운 물량이다.

SNS에 같은 고민이 있는 사람들이 모이게 되었고 큰 공감을 얻었다. 그래서 다 같이 공동 제작을 하게 되었다. 공동 제작으로 비용도 줄고, 재고 부담도 덜 해져서 불안감이 해소되는 좋은 경험이었다.

문제에 부딪히며 막막하고 불안했던 마음을 누구보다 잘 알기에, 감사하게도 도와주려고 하는 사람들이 많다. 나 역시도 굿즈를 제작하면서 알게 된 것을 누군가에게 도움이 되길 바라며, 블로그에 제작 과정을 기록하기 시작한 것이다. 소품샵 입점은 어떻게 해야 하는지, 수수료는 어느 정도가 적당한지 겪어보지 않으면 모를 수밖에 없다. 먼저 경험해 본 사람의 조언이 상당히 귀하다. 이 글을 쓴 지가 꽤 됐는데 최근까지도 도움이 되었다며 답글이 달린다.

4장　사업하다 보니 비로소 보이는 것들

여러 작가와 공동 작업한 PVC 말랑키링

3. 제일 관심 있는 장소에 간다

집안일을 해도, 사람들과 소통해도 불안감이 오래갈 때는 밖으로 나간다. 무작정 나가는 것이 아니라 영감을 받을 수 있는 곳에 가면 좋다. 내가 분식집을 운영한다고 하면, 인기 많은 분식집을 가보는 것이다. 메뉴판 디자인은 어떤지, 맛은 어떤지 생각하다 보면 새로운 자극을 받기도 한다.

보통 불안한 마음은 무언가가 해소되지 않고 막막한 마음에서 나온다. 길이 열리면 불안감은 자연스럽게 줄어든다. 나는 문구 사업과 관련된 미술 전시회나 굿즈 팝업 스토어에 가기도 한다. 거기서 요즘 유행하는 것은

육퇴 후, 방구석 문방구 오픈합니다

무엇인지, 어떤 굿즈가 나오는지 구경하면 재미도 있고 에너지를 받기도 한다. 할 일을 제쳐두고 무작정 나오면 일을 안 했다는 죄책감과 시간만 버렸다는 마음에 불편할 수 있다. 하지만 내가 관심 있는 곳에 가서 자료 조사 중이라고 생각하면 마음이 편해진다.

불안이를 데리고 사는 법의 핵심은 불안을 '동기부여'로 바꿔주는 것이다. 건강한 동기부여는 일에 대한 열정으로 이어진다. 우리는 로봇이 아니기에 부정적인 감정 없이 사는 건 불가능에 가깝다. 불안한 마음은 어떤 상황이든 찾아올 것이다. 심지어 행복한 상황에서도 이 행복이 깨질까 봐 불안한 것이 사람 마음이다. 안 좋은 감정이 잠식할수록 사람은 무기력해진다. 불안이를 친구처럼 데리고 사는 법을 연구하고 실천해 본다면 좋은 자극제가 될 수 있다.

4장 사업하다 보니 비로소 보이는 것들

1

운은
준비된 자에게 온다

"학교 잘 다녀와~"

등교하는 아이와 인사를 나누고 나의 일과는 시작된다. 쌓여 있는 빨래 더미를 세탁기에 돌리고, 어질러져 있는 물건들을 정리하며 나의 오전 근무는 시작된다. 아이는 오후 3시에 하교한다. 아이가 초등학교 입학을 하면서 하교 시간이 12시로 짧아졌지만, 돌봄교실을 신청해서 하교 시간을 3시까지 늘릴 수 있었다. 집안일을 하고 점심을 먹고 나면 낮에 일할 수 있는 시간은 2시간 남짓이다. 주문이 몰릴 때는 집안일도 못 하고 택배 업무만 하다가 끝나기도 한다.

아이가 초등학교에 입학하면서 일할 수 있는 시간이 많이 줄어든 것을 체감하는 요즘이다. 심지어 겨울방학은 두 달이 넘는다. '아이가 좀 더 어릴 때 더 도전할걸.' 이런 생각이 문득문득 든다.

지나간 시간을 어쩌겠는가. 내가 활용할 수 있는 시간은 줄었지만, 줄어

208

든 시간대로 활용할 수 있는 무언가를 준비하는 수밖에 없다. 운은 준비된 자에게 오는 것이 진리이기에 내 시간이 줄었다고 불평만 하며 있을 수는 없다. 뒤늦게 준비할 걸 후회하면 그때는 이미 늦었다. **기회를 잡고 내 것으로 만드는 것이야말로 '운'이다.**

난 오늘도 운을 맞이할 준비를 한다. 이런 말을 하면 엄청난 프로젝트를 준비하는 것 같지만 전혀 아니다. 거창한 준비야말로 제풀에 지쳐서 포기하게 만드는 지름길이다. 준비가 중요한 것은 누구나 알고 있다. 그런데 막상 준비하려고 하면 어떻게 해야 할지 막막하다. 거대한 준비를 해야 한다고 생각하기 때문에, 하기도 전에 두렵기에 막막한 것이다. 그렇다면 준비는 어떻게 해야 할까?

1. 나의 생활 방식과 현실을 직시하자

"너 자신을 알라."

– 소크라테스

워낙 익숙한 소크라테스의 명언이다. 나에 대해 누구보다 잘 알고 있다고 생각하지만 모르는 경우가 많다. 남의 단점은 너무 잘 보이지만, 나의 단점은 단점인지도 모르고 지내는 것처럼 말이다. 우리는 '나'에 대해 알아가는 시간을 가져야 한다. 가령, 나는 어느 시간, 어떤 상황에서 집중이 잘

4장　사업하다 보니 비로소 보이는 것들

되는지, 무얼 해야 성취감을 느끼는지, 어느 정도로 일을 해야 생활에 지장이 없는지 등을 알고 있어야 한다. 최대의 효율을 끌어올리기 위해서다.

이를 알아가기 위해선 하나씩 실험해 보는 것도 방법이다. 나에 대해 알아간다고 인지하면서 실험해 보는 것이다. 나는 밤에 업무를 한다고 하면 새벽 2시가 고비다. 집중이 깨지고 잠이 쏟아져서 몇 시인지 시간을 보면 어김없이 새벽 2시쯤이다. 이러한 내가 아주 중요한 일을 새벽 2시에 한다면, 실수할 확률이 어느 때보다 높을 것이다. 그래서 중요하고 집중해야 하는 일은 새벽 1시 안에는 마칠 수 있도록 계획을 짠다.

또한, 나는 새벽 4시가 넘도록 자지 않으면 그다음 날 컨디션이 회복되기 어려울 정도로 좋지 않다. 그래서 늦은 새벽까지 해야 할 일이 있다면 다음 날은 일정을 아무것도 잡지 않도록 몸 상태를 조절한다. 낮잠은 30분이라도 자야 에너지가 생긴다. 이런 패턴은 개인마다 차이가 크기 때문에 스스로 알아가는 수밖에 없다. 누구는 아침 6시에 집중이 잘 되고, 어떤 사람은 오후 4시가 집중이 잘 되는 황금시간일 수 있다.

상황에 따라 집중할 수 있는 시간이 정해지기도 한다. 일반 직장인이라면 점심시간이나 퇴근 후에 시간을 확보할 수 있을 것이다. 아이가 어리면 아이의 낮잠 시간을 이용할 수도 있다. 이처럼 내가 처한 상황이 어떤지에 따라 달라진다. 그렇기에 집중이 잘 되는 시간에 업무를 배분해서 계획을 짤 필요가 있다.

2. 할 일을 체크하고 기록한다

유튜브 숏츠나 드라마를 보다 보면 생각보다 시간이 많이 지나서 놀라는 경험이 많이들 있을 것이다. 30분만 쉬면서 본다는 것이 어느새 2시간이 훌쩍 지나있다. 반면, 일할 때는 시간이 오래 지난 것 같은데 1시간도 채 안 되어있다. 이렇듯 우리가 느끼는 시간은 절대적이지 않다. 우리가 무엇을 하느냐에 따라 시간이 흘러가는 체감은 다르게 느껴진다.

이는 우리가 시간을 효율적으로 사용했다고 착각하기도 쉽다는 것을 의미한다. 머릿속에 해야 할 일을 많이 떠올렸다고 해서 그것을 했다고 할 수 없다. '할 일'을 생각한 것뿐인데, 우리는 그것을 행동까지 한 것이라고 착각하는 경우가 많다. **우리가 정말 해야 할 일은 '실행'하는 것이다.**

이것이 할 일을 표시하고 기록해야 하는 이유이다. 기록을 통해 꼭 해야 할 일을 일차적으로 정리하고 한 번 더 점검하기 위함이다. 바쁜 현대 사회에서는 다들 정신이 없다. 주부 역시 마찬가지다. 집안일과 육아만으로도 신경 쓸 일이 많다. 나는 아이의 일정과 사업 일정이 머릿속에 엉켜있는 바람에 항상 뒤죽박죽이었다.

그러다 보니 실수하는 일도 생기고 중요한 일을 빠뜨리기도 했다. 이에 대한 해결책으로 스케줄러를 두 개로 나누어 기록하기 시작했다. 두 개를 관리하면 번거롭지 않을까 우려했지만 생각 이상으로 효과적이었다. 이제는 '뭔가 할 일이 있었는데… 뭐였더라…?' 하고 고민하는 시간은 거의 사

4장 사업하다 보니 비로소 보이는 것들

라졌다.

3. 목표에 맞는 계획을 세운다

열심히는 하는데 시간이 지나도 뚜렷한 변화가 없는 사람이 있다. 예를 들어 영어 회화 모임에 꾸준히 참여하는 사람이 있다고 가정해 보자. 영어 회화를 공부하는 이유는 각각 다를 것이다. 해외여행에서 원활한 대화를 위해 공부할 수도 있고, 토익 점수를 올리기 위해 모임에 참여한 것일 수도 있다.

목표가 무엇이냐에 따라 공부하는 방법은 달라진다. 여행을 위한 것이라면 여행에서 자주 쓰는 표현부터 배워야 효과가 있을 것이다. 토익 점수를 올리는 것이 목표인데 여행에서 주로 쓰는 표현만 열심히 공부한다면, 토익 점수가 오르는 데는 별 효과가 없을 것이다. 이렇듯 목표가 무엇이냐에 따라 접근하는 방법도 달라진다.

목표의 난이도를 설정하는 것도 중요하다. 너무 쉬운 목표는 미루게 되고 느슨해지기 때문이다. 그렇다고 너무 막연하고 어려운 목표를 세우면 시작하기도 전에 위축돼서 도전하기가 쉽지 않다. 중간보다 약간 높은 난도를 추천한다.

목표를 세우는 이유는 이 목표를 이루기 위해서 내가 무얼 할지 다양한 길을 찾기 때문이다. 방향성이 없는 노력은 시간만 낭비하는 결과를 초래할 수 있다. 구체적인 목표를 세우고 방법을 고민하고 있어야 기회가 눈에

육퇴 후, 방구석 문방구 오픈합니다

보인다. 이 기회가 곧 행운일 수도 있다. 데일 카네기는 "행운은 매달 찾아온다. 그러나 그것을 맞이할 준비가 되어있지 않으면 거의 다 놓치고 만다."라고 하였다. 기회를 맞이할 준비가 단단하게 쌓일수록, 나의 자신감 또한 강해진다. 이 자신감이 스스로 운을 만들어내기도 한다.

4장　사업하다 보니 비로소 보이는 것들

100세 시대,
그리고 N잡

최근 실제 이혼 전문 변호사가 대본을 쓴 드라마인 〈굿 파트너〉가 화제이다. 〈굿 파트너〉는 이혼 전문 변호사들이 겪는 에피소드를 다룬 드라마다. 드라마의 작가가 실제 이혼 전문 변호사라니, 드라마를 시청하기 전부터 구미가 당겼다.

최유나 변호사는 낮에는 본업인 변호사로서의 업무를 하고 퇴근한 후에는 육아와 집안일을 했다고 한다. 육퇴 후에는 서너 시간 짬을 내서 대본을 썼다. 이를 6년 동안 지속하였고 그렇게 〈굿 파트너〉 드라마의 대본이 탄생하게 된 것이다.

이렇게 N잡을 하는 사람을 'N잡러'라고 부른다. N잡러란 한 가지의 직업이 아닌, 여러 가지 일로 수익 활동을 하는 사람을 일컫는다. 이젠 직장을 다니면서도 투잡, 쓰리잡을 많이들 하는 추세인 만큼 N잡러라는 용어가 어색하지 않은 시대이다. 이는 직업의 영역이 넓어지면서 직업 간의 경계성

육퇴 후, 방구석 문방구 오픈합니다

도 흐려짐을 의미한다. 과거에는 전문가만 할 수 있다고 생각한 분야에 일반인들이 진입하는 경우도 생기고 있다.

전문가들 역시 N잡러를 자처하기도 한다. 약사가 인플루언서 활동을 하고, 선생님이 춤추는 유튜버이기도 한 세상이다. 유튜버 '충주맨'은 공무원임에도 불구하고 재밌는 홍보 기획으로 유명해지기도 하였다.

불과 몇 년 전만 해도 본업이 아닌 다른 일도 한다고 하면, 본업에 집중하지 않는다는 부정적인 시선이 강했다. 『동네 아저씨』라는 책의 저자인 박병헌 씨의 원래 직업은 목사이다. 그는 목사이면서도 사진가, 바리스타, 배달, 청소부 등등 다양한 N잡을 하고 있다. 목사도 '이중직'을 금하는 분위기가 강한 직업 중 하나였기에 뜨거운 논란이 있었다. 특히 목사가 돈 때문에 일을 한다는 것에 대해 비판의 목소리가 나왔다.

불안정한 코로나 시기를 겪으면서 직업 이탈이 여기저기서 일어나고 분위기는 많이 달라졌다. 이젠 다양한 일을 하면 오히려 박수를 받는다. N잡을 한다는 것은 그만큼 새로운 일에 도전한다는 것이며, 그만큼 큰 노력을 했다는 것이 깔려 있다. N잡을 하려면 부지런해야 하는 것을 알기에 기꺼이 박수를 보내는 것이 아닐까 싶다.

나 역시도 N잡러라고 할 수 있다. 한 아이의 엄마이자, 주부이자, 문구 사업을 하고 영상 편집과 일러스트 외주 작업을 하기도 한다. 또한, 유튜

4장 사업하다 보니 비로소 보이는 것들

버이자 블로거이고 인스타그램은 3개의 계정을 운영하고 있다. 지금은 책을 출간하기 위해 원고 작업도 하고 있다. 처음부터 N잡러를 추구한 것은 아니었다. 내 상황에서 할 수 있고 관심 있는 일에 호기심을 갖고 접근하다 보니, 어느 순간 나는 N잡러가 되어있었다. 이왕이면 취미로 끝나는 것이 아니라 아이의 간식비를 벌고 싶었고, 내 젊음이 아까워서 뭐라도 해 보자고 시작한 것뿐이었다.

기록은 곧 나의 경험이다. 이 경험이 언젠간 강의할 수 있는 소스가 되지 않을까 하는 생각이 뻗어 나갔다. 실패하면 실패하는 대로 그 내용을 콘텐츠로 만들어서 돈을 버는 세상이다. 사람들의 '공감'을 끌어낸다면 그것이 또 다른 파이프라인이 될 수도 있다.

N잡의 씨앗을 뿌리자

나는 어떤 것에 꽂히면 그것에만 집중하는 '외골수'라고 불릴 만큼, 사고가 유연한 편은 아니었다. 이런 내가 어쩌다 여기저기 일을 건드리게 됐는지 거슬러 올라가 보니, 출산하고 나서부터였던 것 같다. 육아는 내가 생각한 것과는 전혀 다른 세상이었다. 아름다운 모성애와 예쁜 아기의 이야기만 있는 것이 아니었다. 잠을 못 자고 밥도 제때 못 먹는 각오쯤은 당연히 했지만, 현실은 좀 더 복합적인 문제가 있었다. 계획형인 J 성향인 나는,

육퇴 후, 방구석 문방구 오픈합니다

아이로 인한 변수로 하루 계획이 수십 번 깨지자 지독히도 스트레스를 받고 있었다.

이런 스트레스에서 벗어나기 위해서는 나를 점점 내려놓을 수밖에 없었다. 시간 단위로 계획을 세우는 것이 무색해지니 꼭 해야 할 일만 점검하게 되었다. 갑자기 아이가 아프기라도 하면 꼭 해야 할 일도 못 할 때가 많았다. 그래서 아무 이벤트도 없는 평화로울 때, 그 시간을 어떻게 최대한 후회하지 않게 쓸 수 있을지 고민했다. 이런 고민의 꼬리가 창업의 문까지 닿은 것이다.

남들은 왜 이렇게 열심히 사느냐, 힘들지 않냐고 걱정스러운 말을 건넨다. 힘이 하나도 안 든다면 거짓말이겠지만 나에겐 육아와 살림이 훨씬 힘든 영역이다. 시험 기간엔 책상만 치워도 재밌지 않은가. 이렇듯 육아나 살림이 아닌 것은 다 흥미로웠다. 혹시나 오해 말길 바란다. 육아는 힘들지만 아이는 너무 예쁘고 사랑스럽다.

아이를 키우느라 바쁘고 시간이 없다고 생각할 수 있지만, 시간을 잘 활용하면 절대 불가능한 일이 아니다. 아이 셋을 키우면서도 N잡러로 활동하는 사례는 차고 넘친다. 업무 시간도 평균적으로 하루에 4시간 정도만 일하는 경우가 많다. 4시간을 확보하는 것이 힘들어 보이지만 일정을 잘 조율하면 충분히 가능하다.

4장 사업하다 보니 비로소 보이는 것들

요즘은 민화를 배우기 시작했다. 민화의 매력에 빠진 지는 좀 됐지만 감히 시도해 볼 생각을 못 했다. 민화야말로 일반인이 접근할 수 없는 전문가의 영역이라고 생각했기 때문이다. 하지만 방법을 찾아보니 불가능한 것이 아니었다. 무언가를 배우는 것조차도 스스로 한계를 정하고 적극적으로 방법을 찾아보지 않았던 과거가 후회됐다. 이제라도 라미웨이 캐릭터와 접목해서 현대 민화를 그려보는 것이 목표이다. 처음 시도해 보는 분야이기에 또 어떤 시너지가 나타날지 기대된다.

육퇴 후, 방구석 문방구 오픈합니다

화려하진 않아도, 나는 오늘도 도전합니다

1

아이의 칭찬은
엄마의 에너지

"이거 엄마가 만든 거야? 친구들한테 나눠주면 안 돼?"

굿즈를 포장하고 있는데 아이가 옆에서 기웃거린다. 아이는 언제나 라미
웨이 1호 고객이다. 아이는 고맙게도 내가 디자인한 굿즈들을 친구들에게
자랑하기 바쁘다. 아이의 자랑이 기분 좋다. 아이의 친구들은 믿기지 않는
다는 듯이 나를 볼 때면 "이모~ 정말 스티커랑 책갈피 만들었어요?" 하고
묻는다. 그렇다고 하면 아이들의 눈은 금세 휘둥그레진다. 신기해하는 아
이들을 보며 내가 하는 일이 흔한 일은 아니구나 하고 체감한다.

어렸을 때부터 우리 부모님은 지갑 제조업을 하셨는데, 지갑을 만드는 공
간은 주로 지하실이었다. 1층은 의식주를 해결하는 공간이었다. 지하실이
없는 집에서 살 땐, 방 한 칸을 비워두고 작업실로 쓰기도 했다. 부모님이
집에 계시는 날이 많아서, 엄마가 필요하면 곧바로 작업실로 달려가면 되었

5장 화려하진 않아도, 나는 오늘도 도전합니다

다. 원할 때 엄마에게 갈 수 있다는 것이 왠지 모르게 안도감이 들었다.

나 역시 주로 집에서 일하지만, 일이 몰리면 아이에게 소홀해지는 상황이 생기곤 한다. 집안일을 못 하는 날이면 쌓여 있는 빨랫감과 설거짓거리들을 보며 죄책감에 빠진다. 우리 아이는 어떤 마음일까 궁금해서, 엄마가 집에 있지만 일하느라 신경을 못 써주는 게 서운하지 않냐고 물었다. 아이는 엄마가 같은 공간에 있는 것만으로도 좋다고 했다. 다행이었다. 아이의 말에 무거운 마음의 짐을 덜어낼 수 있었다.

육아와 일을 모두 소화할 수 없다는 것을 안다. 어쩌다 한 번 이런다고 해서 아이에게 문제가 생기지 않는다는 것도 머리로는 아주 잘 안다. 하지만 어째서인지, 미안함 덩어리는 가슴 한구석에 콕 박혀 있는 느낌이다. 출퇴근까지 하는 워킹맘들은 오죽할까 싶다. 이런 감정의 소용돌이 속에서 아이의 칭찬은 만병통치약 같다. 아이의 긍정적인 한마디와 좋아하는 모습에 응어리졌던 마음이 녹아내린다.

페어에 참가했을 때 아이가 잠깐 방문한 적이 있다. 아이는 내 부스가 제일 예쁘다며 칭찬해 주고 진열된 제품을 정리해 주기도 했다. "엄마가 만든 거 귀여운데 왜 안 사지?"라며 해맑게 질문하는 모습이 귀여워서 웃음이 났다. 든든한 아군이 있으니 힘이 났다.

육퇴 후, 방구석 문방구 오픈합니다

굿즈를 만드는 것을 지켜봐 와서 그런지 아이는 언젠가부터 제안을 하기도 한다. 갖고 싶은 게 있으면 엄마가 만들 수 있냐고 물어보기도 하고 그림책도 만들자고 했다. 좋다고 하니, 아이가 신이 나서 즉석에서 이야기를 지어냈다. 나는 그것을 받아 적으면서 그림을 구상했다. 아이와 함께하는 과정은 언제나 재밌다. 이 그림책이 언제 완성될지 모르지만 이것은 확신한다. 아이에게도, 나에게도 좋은 추억이 되고 또 다른 영감이 되리라는 것을.

5장 화려하진 않아도, 나는 오늘도 도전합니다

2

초보 사장,
배워야 산다

"배우기를 그친 사람은 스무 살이든 여든 살이든 늙은 것이다. 항상 배움의 끈을 놓지 않는 사람은 젊음을 유지한다. 인생에서 가장 위대한 것은 마음을 젊게 유지하는 것이다."

– 헨리 포드

헨리 포드의 명언을 보면 머릿속에 떠오르는 사람이 있다. 그 사람은 내가 큰마음 먹고 참여한 독서 모임에서 만난 Y 님이다. Y 님은 독서 모임의 모임장이었다. Y 님은 50대였고, 학교 방과 후 교실에서 글쓰기 강의를 하는 분이었다. Y 님은 자식들의 사춘기와 자신의 갱년기가 겹치면서 매우 힘든 시기를 보냈었다고 한다. 그녀는 매일 눈물 바람으로 지내다가 책을 읽으며 버틸 수 있었다고 회상했다.

그녀는 50대지만 젊은 사람들보다 최신 트렌드에 관심이 많았다. 최근에는 AI를 활용해서 음악을 작곡하는 것을 배우고 있다고 했다. AI로 작곡하는 재미가 있다며 독서 모임 원들에게 적극적으로 추천해 주었다. 챗 GPT의 기능이 좋은 평가를 받으면서 AI가 뜨거운 감자로 떠올랐을 때라 나도 배워볼까 했지만, 알아보는 게 귀찮아서 미루던 참이었다. 내가 배움을 미루는 사이에 그녀는 AI로 이미 많은 것을 하고 있었다.

Y 님은 근황을 물을 때마다 새로운 것을 배우고 있었다. 어느 날은 환경에 대해 공부를 하다가 나무에 대한 호기심이 생겨서 나무에 관한 논문도 쓰는 중이라고 했다. 매번 새로운 분야에 호기심을 갖고 배우는 그녀가 대단하다고 느꼈다.

요즘은 무엇을 배운다며 이야기할 때마다 반짝반짝 빛나는 그녀의 눈을 잊지 못한다. 그녀는 30대인 나보다 활력이 넘쳐났다. Y 님을 보면서 그 에너지는 배움에 대한 열정에서 나온다는 것을 알았다. 배움의 열정이 있는 사람은 생기가 돈다. 그 '생기'는 사람을 젊게 만든다. 그녀야말로 헨리 포드의 명언에 딱 맞는 사람이었다.

배우면 써먹어야 한다

사업에서의 배움은 생존이나 다름없다. 처음 사업을 시작할 당시, 하기로 마음은 먹었는데 뭐부터 해야 할지 막막했다. 사업자 등록은 어떻게 하는지, 스마트 스토어에 상품 등록은 어떻게 하는지 배워야 할 게 잔뜩이었

5장 화려하진 않아도, 나는 오늘도 도전합니다

다. 1인 사업이라 더욱 그랬다. 내가 배우고 실행하지 않으면 대신해 줄 사람도 없고 진도가 나가질 않았다.

우리는 다행히 정보가 넘치는 시대에 살고 있다. 포털 사이트에 검색하는 것만으로도 많은 정보가 와르르 쏟아진다. 덕분에 정보는 어렵지 않게 수집할 수 있다. 하지만 정보 검색으로 인해 지식을 얻는 것과 실전은 또 다른 영역이었다. 얻은 정보를 내 것으로 만들고 내 입맛에 맞게 요리를 해야 진정으로 의미가 있었다.

빠르게 변하는 유행도 주시해야 한다. SNS에서 무엇이 사람들을 이끄는지 관심을 가지고 배워야 했다. 영상 게시물이 유행하니, 무작정 영상을 편집할 수 있는 앱을 설치하고 기능을 하나씩 눌러보고 공부했다. 요즘엔 영상 편집 앱인 캡컷(CAP CUT), 블로(VLLO) 같이 UI가 직관적으로 잘 만들어져 있어서 초보자들도 쉽게 영상을 제작할 수 있다.

사업을 한다면 홍보를 위해서라도 영상 편집은 필수적으로 익혀두는 것이 좋다. 처음 외주 광고를 받았을 때도 영상 편집을 할 줄 알았기에 기회를 잡을 수 있었다. 할 줄 아는 게 많아지면 당연히 기회도 많아진다.

캘리그래피 강의를 들었을 때를 떠올려 보면 나는 정말 듣기만 했다. 배운 것을 따로 복습하고 연습한 적이 없었다. 강의 들을 당시에 선생님을 따라 한 것이 다였다. 이렇게 배운 것이 내 실력으로 됐을 리 만무했다. 이것

육퇴 후, 방구석 문방구 오픈합니다

은 배웠다고 할 수 없다. 스스로 하려니 아무것도 할 수 없었기 때문이다. 강의를 듣기만 하는 것이 아니라 나에게 남는 것이 있어야 진정한 배움이라고 할 수 있다.

고등학교 동창인 H는 강의 중독이다. 자기 계발 강의를 누구보다 많이 본다. 처음엔 회사에 다니면서 자기 계발에 진심인 H를 모두 칭찬했다. 그런데 알고 보니, H는 강의를 듣기만 했던 것이다. 심지어 강의를 한 번에 여러 개를 신청하는 바람에 끝까지 수강을 못 하는 강의도 많았다. 이렇게 되면 배우는 재미는커녕 돈만 버렸다는 스트레스만 쌓인다. 강의를 듣고 실전에 투입해 보면 안다. 배운 것이랑 실전은 또 다르다는 것을. 그다음 스텝에 맞게 공부할 내용이 계속 생겨난다.

나 또한 스티커를 만들 때 칼 선 작업이 어려워서 이것에 대한 강의만 주야장천 본 적이 있다. 강의를 많이 보면 해결되리라 생각한 것이다. 스티커에 칼 선을 넣는 방법은 여러 가지라 작가마다 하는 방식이 달랐다. 이런 점은 초보자인 나에게는 더욱 혼란스러웠다. 강의는 몇 가지만 참고하고 실전 연습에 더 몰두했다면 내 것으로 만드는 시간이 훨씬 빨랐을 것이다. 머릿속에 지식만 남겨둔다면 그 지식은 언젠간 증발한다. 행동으로 빠르게 옮겨서 내 것으로 흡수시켜야 한다.

5장　화려하진 않아도, 나는 오늘도 도전합니다

배움의 재미

주변 지인들은 어찌 그렇게 부지런히 배우냐며 놀라기도 한다. 배워야 살아남을 수 있기에 배우는 것도 있지만, 배움의 재미도 있으니 가능한 일이다. 새로운 것을 배울 때는 어렵지만 그것을 내 것으로 만드는 과정이 뿌듯하다.

사업을 하면서 문제가 생겼을 때 어떻게 하는지 학교에서는 가르쳐 주지 않는다. 난관에 부딪힐 때마다 공부하고 스스로 배우는 수밖에 없다. 이런 과정에서 새로운 것들을 배우고 문제를 해결했다는 사실에 자존감도 올라갔다.

배우는 것에 겁먹지 말고 설레는 마음으로 다가가자. 혹여 이해가 가지 않고 어렵다고 내 머리가 나쁜 것은 아닌지 자책하는 것은 금물이다. 이것을 배우고 나면 어디에 써먹을지 설레는 마음으로 배워야 재미도 있다. 사업을 위해 배운다면, 지식이 쌓일 때마다 통장에 돈이 들어온다고 생각하자. 의지가 활활 타오를 것이다.

육퇴 후, 방구석 문방구 오픈합니다

3

지금이라도,
충분히 늦지 않았다

2024 서울국제도서전에 방문했을 때는 정말이지 신세계 그 자체였다. '국제 도서전'이라는 것이 있다는 것을 우연히 알았고 홀린 듯이 입장권을 구매했다. 번아웃을 겪으면서 책으로 위로를 많이 받은 나는, 어느 때보다 책에 대한 투자를 아끼지 않은 시기였다.

서울국제도서전에는 수많은 책과 작가, 출판사들이 와글와글 모여있었다. 만화책부터 소설, 자기 계발서, 독립출판 도서 등 다양한 책들이 한곳에 있었다. 외국 작가들도 참여해서 가지각색의 구경거리가 많았다. 국제 도서전은 큰 행사답게 일반 서점보다 몇 배 큰 규모에 다 보지도 못할 정도였다.

예전에는 더 많은 도서전이 열리고 규모도 더 컸다고 한다. 요즘은 사람들이 책을 잘 읽지 않아서 규모가 작아진 게 이 정도라고 한다. 이전에 가보지 않았던 것이 아쉬웠다. 아쉬움을 뒤로한 채, 아이가 좋아할 것 같은 그림책을 사고 그 자리에서 작가님의 사인도 받았다. 온라인으로 주문해서

229

책을 받았을 때와는 다른 재미가 있었다.

그러다, 어느 한 부스에 있는 예쁜 새가 그려진 그림이 눈길을 끌었다. 그곳에는 새 그림으로 만든 굿즈를 판매하고 있었다. 굿즈 사업을 하는 나에겐 눈길이 가는 것은 당연했다. 이것저것 구경하며 기웃거리니, 작가님은 책에 대한 설명을 해주었다. 책에 있는 새 그림을 그리신 분이 80대 할머니이며 자신은 그분의 딸이라고 했다.

새 그림을 그린 주인공은 작가 '맹순 씨'였다. 맹순 씨가 그림을 그리고 딸이 굿즈를 만드는 것이었다. 엄마와 딸이 함께 하는 사업이라니! 멋있었다. 더군다나 80대임에도 불구하고 멋진 그림을 그리시는 맹순 씨를 보니, 왠지 가슴이 뭉클했다.

내가 문구 사업을 과연 몇 살까지 할 수 있을까 하는 의문은 항상 품고 있었다. 나이가 들수록 창의력은 감퇴할 텐데 무리이지 않을까 싶은 마음에서였다. 하지만 이것도 내가 만들어 낸 한계일 뿐이었다. 맹순 씨의 활동은 나이와 상관없다고 몸소 말해주는 것 같았다. 나이가 들면, 그 나이에만 할 수 있는 상상력과 표현력이 있을 텐데 말이다.

육퇴 후, 방구석 문방구 오픈합니다

나이를 묻기 전에, 꿈을 물어야 한다

"인생에서 중요한 것은 항상 나이가 아니다. 중요한 것은 우리가 그 나이에서 어떻게 생각하고 무엇을 느끼고 어떻게 행동하는지에 달려 있다."
- 사무엘 울만

이제는 기대수명이 100세를 넘어 120~140세까지 보고 있는 시대이다. 환갑잔치를 거하게 하는 사람을 찾기 어려울 만큼, 60대가 결코 많은 나이가 아닌 시대가 됐다. 체력이 허락하는 하에 우리는 무엇이든 시작할 수 있다. 그런데도 자신을 늙은이로 만들어버리며 이미 늦었다고 한탄한다.

내가 창업을 했을 당시 나이는 35세였다. 나 역시 너무 늦게 시작한 거 아닌가 걱정했다. 문구계에서는 20대 작가들이 정말 많았기 때문이다. 심지어 청소년인 경우도 있었다. 젊은 사람의 유행을 따라갈 수 있을지 걱정이 앞섰다. 그런데 오히려 주변에서는 내 나이를 부러워하는 이가 많았다. 서른 살에 출산한 나는, 학부모 모임에 나가면 거의 막내뻘이었기 때문이다. 언니들이 자주 하는 말이 있었다.

"내가 너 나이만 됐어도…."

5장   화려하진 않아도, 나는 오늘도 도전합니다

언니들은 주로 40대다. 언니들도 늦지 않았는데 나에게만 늦지 않았다고 한다. 꿈이 뭔지, 하고 싶은 것들을 실컷 말하고 나이 때문에 안 된다며 마음의 문을 닫아 버린다. 그저 뜬구름 잡듯이 할 수 있다고 외치는 것이 아니다. 이것을 증명해 낸 사람들은 많다. 고령임에도 노벨 화학상을 받은 인물도 있다. 바로 존 구디너프 박사이다.

존 구디너프 박사는 97세에 노벨 화학상을 받았다. 이는 역대 최고령 노벨상 수상자이다. 그는 용량이 큰 고체 배터리를 개발해 세계적으로 이름을 알렸다. 고령에도 연구를 게을리하지 않았던 그는, 나이와 상관없이 꾸준한 배움이 중요하다고 강조하기도 했다.

『나이 들수록 인생이 점점 재밌어지네요』라는 책의 저자인 '와카미야 미사코'는 82세의 나이에 프로그래밍을 배우기 시작해서 단 6개월 만에 노인들이 즐길 수 있는 스마트폰 게임을 개발했다. 그녀는 정년퇴직 후에 사람들과 소통을 하고 싶어서 컴퓨터를 배우기 시작했다고 한다. 그러다가 그녀는 '왜 노인들을 위한 게임은 없을까?' 하는 의문점에서 출발하여 게임 앱까지 개발한 것이다.

그녀는 은행에서만 40년 이상을 근무했다. 원래 IT 직종에서 일했던 것도 아니고, 천재여서 그런 것도 아니었다. 거금을 들여 산 컴퓨터를 켜는데 3개월이나 걸렸다고 한다. 그런데도 그녀가 포기하지 않을 수 있었던 것은 '호기심'이었다. 그녀는 60대부터 인생이 너무 즐거워졌다고 말한다.

육퇴 후, 방구석 문방구 오픈합니다

그녀를 보면서 역시 무언가를 할 때는 나이가 문제가 아니라 배움의 태도임을 다시 한번 깨닫는다. '내가 이 나이 먹고 뭘 하겠어.'라고 단정 지었다면, 그녀 역시 아무것도 할 수 없었을 것이다.

우리 주변 사람들도 살펴보자. 그림 모임에서 만난 H 언니는 40대 중반이다. 언니는 그동안 꿈꿔왔던 웹툰 작가에 도전하고 있다. 나이가 있어서 그런지 20대 초반의 달콤한 연애 이야기는 낯간지러워서 못 하겠다며 성인 웹툰을 준비하고 있다. 나이가 들면서 도전할 수 있는 일이 더 매력적일 수도 있겠다는 생각이 들었다. 꿈을 포기하지 않는다면 어떻게든 길은 열려 있다. 잠재적으로 방법을 찾게 되고 기회 또한 보이기 때문이다. 내가 처한 상황에서 도전할 수 있는 일을 찾아서 하면 되는 것이다.

30대인 내가 책을 쓰는 것과 50대의 내가 쓰는 책은 분명 다른 매력이 있을 것이다. 30대에 50대만의 연륜, 분위기, 경험은 절대 따라 할 수 없다. 반대로 30대만이 낼 수 있는 분위기 또한 있을 것이다. 그 나이대에 어필할 수 있는 점과 나의 경험을 녹여낸 강점을 합치면 천하무적이 된다.

이미 지나간 세월은 어찌할 수 없다. 하지만 망설이고 고민만 하다 시간만 흘려보낼지, 실패하더라도 경험치를 쌓아 더 단단한 내가 될지는 오롯이 나의 선택에 달려 있다. 해도 후회, 안 해도 후회라면 해 보는 것이 낫지 않겠는가. 그래서 이런 고민으로 주저할 때마다 '10년 뒤의 나'로 감정 이입

5장 화려하진 않아도, 나는 오늘도 도전합니다

해 본다.

'내가 지금 안 한다면, 10년 뒤의 내가 후회할까?'라고 생각해 보면 답이 나온다. 열에 아홉은 지금 이것을 하지 않으면 후회할 것 같다고 결론이 난다. 그렇게 해보기로 마음을 다잡아 본다. 우리 모두 늦지 않았다.

육퇴 후, 방구석 문방구 오픈합니다

쓸모없는 경험이
밥 먹여준다

"쓸모없는 경험은 없다."라는 말이 있다. 그도 그럴 것이 경험 자체가 언젠가 '깨달음'으로 돌아오기 때문일 것이다. 20대 초, 나는 공무원이 되기 위해 시험공부를 하면서 정보처리기사 자격증을 취득했다. 문과였던 내가 정보처리기사 자격증을 취득한 이유는 딱 한 가지였다. 공무원 시험에서 받을 수 있는 가산점 점수가 가장 높은 자격증이었기 때문이다. 0.1점으로도 합격 여부가 결정되는 치열한 공무원 시험에서 정보처리기사 자격증은 가산점이 3점이나 되었다. '정보처리기사'라는 것이 생소했지만 조금이라도 유리하게 출발하기 위해 자격증을 따는 것에 고민할 이유가 없었다.

그렇게 정보처리기사 자격증도 따고 2년 넘게 시험공부를 열심히 했지만, 결국 시험엔 불합격하고 말았다. 금전적으로나 체력적으로 많이 지친 나는 공무원의 꿈을 접었다. 대학 졸업 후 2년을 시험 준비만 하며 보냈기에, 취직이 남들보다 늦었다는 생각에 조급한 마음이 들었다.

바로 취업 준비를 하게 되면서 정보처리기사 자격증은 더 이상 쓸모가 없게 되었다고 생각했다. 정보처리기사 자격증은 주로 소프트웨어 개발과 관련된 자격증이기 때문이다. 나는 문과 계열에다가 소프트웨어 개발은 관심도 없을뿐더러, 할 생각도 전혀 없었다. 여느 문과 출신의 수순대로 영업 지원팀이나 회계팀을 목표로 하고 전산 회계 자격증을 추가로 취득했다.

그런데 막상 취업 시장에 뛰어드니, 생각지도 못한 일이 벌어졌다. 정보처리기사 자격증이 있다는 것이 오히려 플러스가 된 것이다. 회계와 관련된 자격증은 너도나도 가지고 있었지만, 문과 출신이 정보처리기사 자격증을 취득한 경우는 별로 없었기 때문이다. 그래서 그런지 면접을 볼 때마다 왜 정보처리기사 자격증을 땄냐는 질문을 많이 받았다. 특이한 자격증이 눈에 띄었는지, 생각보다 수월하게 취직할 수 있었다. 더는 쓸모없다고 생각한 자격증이 빛을 발하는 순간이었다.

아기 사진을 백업하기 위해 시작한 인스타그램

아이를 출산하자마자, 아이의 성장 기록을 위해 인스타그램에 아이의 사진과 영상을 자주 올렸다. 정성 들여 올린 것도 아니었다. 휴대전화에 있는 사진이나 영상이 날아갈 것을 대비하여 임시방편으로 백업하는 용도였다. 그러다 보니 인스타그램은 나에게 가장 친숙한 SNS였다.

이것이 창업을 시작했을 때, 인스타그램부터 시작한 이유이다. 아이의

육퇴 후, 방구석 문방구 오픈합니다

성장 기록을 위해 시작한 인스타가 훗날 광고비까지 안겨주는 SNS가 될 줄은 꿈에도 몰랐다. 기회가 언제 어떻게 올지 모르니 SNS 하나쯤은 운영하는 것을 권하는 까닭이기도 하다.

내가 먹는 것을 좋아한다면 맛집을 기록하고, 너무 만족스러웠던 주방용품을 소개해도 좋다. 무언가를 도전하는 모습을 가감 없이 보여주는 것도 좋다. 실수하고 실패하는 에피소드도 나만의 콘텐츠가 될 수 있을 것이다.

매년 일러스트 페어에 구경 갔던 게 도움이 될 줄이야

귀여운 굿즈를 좋아하고, 예쁜 스티커를 모으는 취미가 있었던 내가 문구 사장이 된 것은 어쩌면 우연이 아닐지도 모른다. 나는 물건을 구매할 때 실용적인 부분보다는 디자인 측면을 더 높게 산다. 실용적인 것과는 거리가 멀어도, 귀엽고 디자인이 마음에 들면 구매하는 편이다.

나는 귀여운 것을 보면 스트레스가 풀리고 힐링이 되는 느낌을 받는다. 내가 기분 좋았던 것처럼 내 굿즈로 다른 사람들에게 힐링을 주면 좋겠다는 생각을 했다. 스트레스를 받는 상황에도 귀여움에 콧방귀가 나오는 그런 느낌말이다. 그래서 문구 디자인을 할 때, 내가 어떤 포인트에 꽂혀서 구매했었는지 경험을 떠올리며 작업하는 편이다.

귀여운 소품들을 좋아하다 보니 문구 사업을 하기 전에도 일러스트 페어

5장 화려하진 않아도, 나는 오늘도 도전합니다

와 소품샵에 자주 방문했었다. 이 경험은 훗날 일러스트 페어에 처음 참가할 때 많은 도움이 되었다. 해마다 몇 번씩 일러스트 페어에 간 경험으로 행사장 분위기가 익숙한 덕분에 긴장감을 덜어낼 수 있었다. 구매자와 판매자의 입장은 완전히 달랐지만 말이다. 페어에 방문한 경험이 없었다면 분위기에 적응하는 것도 시간이 더 오래 걸렸을 것이다.

그동안 봐온 것이 많아서 그런지 부스를 꾸밀 때도 막힘이 없었다. 굿즈 종류가 어느 정도 있어야 하는지도 감으로 이미 알고 있었다. 난 수년 동안 레퍼런스를 수집했던 것이나 다름없었다. 스티커를 사러 행사에 자주 방문했던 경험이 이렇게 도움이 될 줄 누가 알았겠는가. 팬덤이 전혀 없는 내가 첫 행사에서 부스비 이상의 매출을 달성할 수 있었던 것은 이러한 경험이 뒷받침됐기에 가능했다.

브라이언 트레이시는 "삶의 모든 경험은, 당신이 앞으로 나아가기 위해 알아야 할 것들을 가르쳐 주기 위한 것이라는 것을 기억해라."라고 하였다. 남들이 쓸데없는 것을 굳이 왜 하냐고 한다 해도 스스로 확신이 있다면 주저하지 말자. 내가 지금 하는 일들이 시간 낭비, 돈 낭비 같아도 언젠간 특별한 경험으로 빛날 때가 올 것이다.

육퇴 후, 방구석 문방구 오픈합니다

5

누군가의
롤 모델이 되기까지

K-일러스트레이션 페어에 참가하고 있을 때였다. 어떤 분이 간식을 나눠주며 나에게 인사를 건네왔다. "작가님, 안녕하세요~ 팬이에요! 유튜브 너무 잘 보고 있어요! 제 롤 모델이세요!" 내 팬인 것도 모자라 롤 모델이라니?! 어안이 벙벙했다.

그분은 문구 사업을 준비한 지 얼마 안 된 분이라고 하셨다. 누군가에게 도움이 되길 바라며 유튜브에 꿀팁 영상을 몇 개 올렸는데, 그걸 보신 모양이다. 같은 페어에 참여한 김에 인사를 나누고 싶어서 찾아와준 것이었다. 영상 조회수가 낮아서 이런 일이 일어날 줄 꿈에도 몰랐다. 감사하면서도 어찌할 바를 몰랐다. 내가 본보기라는 것이 인사말로 한 것일 수도 있지만, 말로 설명할 수 없는 뿌듯함이 몰려왔다.

가끔 행사에 나가면 유튜브나 블로그를 보고 도움을 많이 받았다는 이야기를 듣는다. 그럴 때면 왠지 모르게 책임감이 생겼다. 롤 모델이라는 말을

239

들으니 그동안 노력했던 것이 헛되진 않았구나 싶기도 했다.

롤 모델은 특히 사업에 있어서 아주 중요한 역할을 한다. 시간 단축은 물론 좋은 길라잡이가 되어주기 때문이다. 나 역시 롤 모델이 있다. 딱 한 명이 아닌 문구, 마케팅, 재테크 등 여러 분야에 각각 포진되어 있다. 롤 모델을 그대로 따라 하는 경향이 있어서 영향이 크다는 것을 알고 있다. 누군가도 나의 발자취를 보고 중요한 결정에 영향이 받을지도 모른다는 생각이 들었다.

그러다 보니 제작 업체 이야기나 사업과 관련된 글을 적더라도 감정에 치우치지 않으려고 노력한다. A 업체에 대해 부정적인 리뷰를 쓰면 누군가는 이 업체에 제작을 맡기지 않을 수도 있다. 나와는 맞지 않았지만 그 사람과는 맞을 수도 있으니, 단점과 장점을 최대한 객관적으로 쓰려고 한다.

블로그에 글을 남기더라도 예전에는 내가 느낀 것을 그저 기록만 했다면, 이제는 유용한 꿀팁이 더 없을까 고민하면서 글을 써 내려갔다. 업체를 추천하기에 조심스러운 면도 있다. 내 말을 믿고 그 업체에 맡겼다가 불량이라도 많이 나오면 나를 원망할 수도 있기 때문이다. 내 잘못은 아니지만 사람의 마음이 또 그렇지 않다. 금전적인 손해가 나면 추천해 준 사람까지 미운 법이다. 실제로 업체를 추천해 줬다가 되레 욕을 먹는 사례가 종종 있어서 업체 추천을 꺼리는 경우도 많다.

육퇴 후, 방구석 문방구 오픈합니다

그런데도 나는 업체 문의가 오면 솔직하게 말하는 편이다. 업체를 알아볼 때 막막함과 답답함이 아주 크다는 것을 알기 때문이다. 누군가의 '롤 모델'이라는 한 마디에 업체 리뷰를 남기는 데도 조심스러워지다니. 롤 모델로서 무엇을 하면 좋을지 곰곰이 생각해 보았다. 단 한 명이라도 나의 영향이 간다면 이왕이면 좋은 영향을 주고 싶은 욕심이 생겼다. 누군가에게 좋은 영감을 줄 수도 있다고 생각하니 결론이 내려졌다. 꿋꿋하게 내 갈 길을 후회 없이 나아가고, 그것을 최대한 가감 없이 기록에 남기는 것이었다.

나에게 부족한 면이 있다면 그 부분을 발전시키는 것에 힘쓰기로 했다. 일이 잘 풀리지 않는다면 배움의 시간으로 채우기로 했다. 집중 안 되는 일을 붙잡고 있으면 더 큰 스트레스를 받는 데다가, 그렇게 나온 결과는 만족스럽지 않다는 것을 알고 있기 때문이다.

그럴 때는 완전히 새로운 일을 하려고 했다. 책도 그래서 쓰기 시작한 것이다. 글쓰기와 담을 쌓고 지냈던 터라 이것이야말로 내 인생에서 엄청난 도전이었다. 새로운 도전으로 끈기 있는 나를 발견하고 나 같은 사람도 책을 쓸 수 있다는 것에 용기를 얻으면 좋겠다는 마음이 들었다.

나와 비슷한 상황이었던 사람들에게 특히 용기를 내도 된다고 응원하고 싶다. 오랜 기간 경력이 단절되었거나 아이를 돌봐야 하는 주부도 할 수 있다. 내가 원하는 삶이 불가능에 가깝다고 생각했지만, 막상 해 보니 그것을

5장 화려하진 않아도, 나는 오늘도 도전합니다

이루는 데에는 2년도 채 걸리지 않았다. 사람마다 목표나 수행 시간이 다르니 차이는 있다. 하지만 분명한 것은 많은 사람이 2~3년을 투자하고 삶을 크게 변화시키고 있다는 것이다.

자기계발서를 백 권을 넘게 읽어도 실행하지 않으면 삶은 변하지 않는다. **단 몇 시간이 하루하루 모여서, 삶을 통째로 바꿀 수 있다는 것을 잊지 말자.** 나를 위한 길을 걷다 보면 어느 순간 우리는 누군가의 롤 모델이 되어있을 것이다.

육퇴 후, 방구석 문방구 오픈합니다

6

빛나지 않아도
나의 길

어렸을 때 EBS 채널에서 어떤 아저씨가 그리는 그림을 넋 놓고 봤던 기억이 난다. 그 아저씨는 외국인에다가 풍성한 폭탄 머리까지 눈길을 끌기에 충분했다. 쓱쓱 쉽게 그리는 것 같은데 어느새 멋진 그림이 완성되어 있었다. 당시 인기 프로그램이었던 〈밥 로스의 그림을 그립시다〉였다. 일명 '밥 아저씨'로 불리는 작가가 그림을 그리는 과정을 보여주는 프로그램이었다.

밥 아저씨는 그림을 그리면서 덤덤하게 이런저런 이야기를 했다. 그는 "자기 자신을 믿는 것은 아마도 삶에서 가장 중요한 것이다. 나 스스로가 할 수 있다고 믿어주지 않는다면, 그 누구도 날 믿으려 하지 않을 것이다."라고 하였다. 어릴 때는 나 자신을 믿는다는 것이 무슨 의미인지 몰랐다. '내가 나를 믿는 것은 당연한 것이 아닌가?' 하고 생각했다.

30대가 되어보니, 나는 자신을 믿기기는커녕 의심으로 가득 차 있었다. '내가 할 수 있을까?' 하는 의문부터 들었고, 못 한다며 선부터 그어버렸다.

243

밥 아저씨가 왜 그렇게 자신을 믿으라고 강조하는지 알 것 같다. **나를 믿지 않으니 할 수 있는 게 아무것도 없었다.** 누구의 엄마, 누구의 아내로만 있다 보니 '나' 자체가 사라진 느낌이었다. 작은 도전이라도 나를 믿는 것부터 시작해야 했고 이를 위해 엄청난 노력을 해야 했다.

22년도에 무모하게 사업자 등록부터 했던 날이 엊그제 같은데 벌써 4년 차에 접어들고 있다. 그동안 대박 매출이 터진 것도 아니고, 아직도 재고가 한가득인 제품도 있다. 고정적인 월급이 아니다 보니 당장 오늘의 매출도 예상할 수 없다. 한 달 수입이 30만 원이 안 될 때도 있고, 200만 원을 넘길 때도 있다.

사업을 하면서 월 천, 억대 매출을 기록하는 사람과 비교하면 망한 사업이라고 볼지도 모르겠다. 겨우 그 돈 벌 거면 사업을 왜 하는지 이해 못 하는 사람들도 있을 것이다. 그런데도 **단돈 만 원이라도 스스로 벌었다는 것은 엄청난 가치가 있었다.** 오랜 경력 단절에다가 전공이 아닌 분야에 뛰어들어서 마이너스에서 플러스인 삶으로 들어오는 순간, 자신을 믿을 수 있는 자신감을 얻었기 때문이다. 이 자신감은 어떠한 값어치로도 따질 수 없는 것이었다.

작은 성공들이 쌓여 자신감이 되고, 이것들이 또 쌓여서 나는 이제 배우는 것을 주저하지 않는 도전 정신까지 얻었다. 나에게 필요한 것이라는 생

육퇴 후, 방구석 문방구 오픈합니다

각이 들면 고민은 짧게 하고 행동으로 옮긴다. 과거에는 생각하고 고민만 하다가 끝나는 날이 많았지만, 이젠 최대한 빠른 시일 내에 실행에 옮기려고 집중한다. 이것들이 실패할 수도 있지만 한편으로는, 나의 삶에 어떤 밑거름이 되어줄지 설레는 마음이 더 크다.

작은 성공도 성공이다

토니 클라크는 "더 많이 시도해 볼수록, 두려움이 덜 해진다는 것을 알게 되었다. 왜냐하면, 그런 경험을 통해 최악의 경우가 발생할 가능성이 거의 없다는 것을 배웠기 때문이다."라고 하였다. 이것저것 시도할수록 깨닫는 것은 **실패한다고 해서 하늘은 무너지지 않는다는 것이다.** 무언가 뜻대로 되지 않을 때는 보완점을 찾게 되었고, 예상보다 쉽게 해결되는 경우가 훨씬 많았다.

주변을 보면 많은 주부들이 재능이 있음에도 불구하고 주저하는 모습을 정말 많이 본다. 주부들을 보면 뜨개 인형부터 마크라메, 머리핀, 토퍼, 풍선 아트 등 숨은 재주꾼들이 많다. 다들 이 재능으로 단돈 만 원이라도 벌길 바라면서도 쉽게 도전하지 못한다. 당장 가져다 팔아도 손색이 없는데도 말이다.

팔지 않는 이유를 물으면 이것을 누가 사냐며 입을 모아 말한다. 이미 하

245

는 사람들도 많아서 경쟁이 치열하지 않냐고도 한다. 나도 사업을 시작하기 전에 했던 걱정들이라 충분히 이해한다. 그런데도 걱정만 하는 것보다는 이왕 만드는 거 세상 밖으로 꺼내 보기라도 하길 바란다.

화려한 성공이 아닌 **작은 성공부터 이루어보자.** 오늘은 상품 등록을 했다는 것만으로도 성공했다고 자축하는 것이다. 다음 날은 SNS에 업로드까지 하는 것을 성공이라고 하자. 이러한 작은 성공이 모여서 대박 매출로 이어질지 누가 알겠는가.

1

별거 없음을
별거 있음으로

작년에 재밌게 읽은 책이 있다. 『내가 엄마들 모임에 안 나가는 이유』라는 책으로, 엄마들 모임에 종종 나가는지라 제목이 흥미로워서 읽었다. 이 책의 저자인 '강빈맘'은 엄마들만의 특이한 인간관계에 주목했다. 강빈맘은 엄마들 모임의 특징을 이렇게 말한다. 아이 엄마라는 이유로 끈끈한 유대감으로 뭉쳤다가도, 상처를 받거나 스트레스 또한 쉽게 받는 관계이기도 하다는 것이다.

강빈맘은 엄마들 모임에서 겪었던 고민을 무심코 넘길 수도 있었지만, SNS에 글을 올리기 시작했다. 이는 머지않아 엄마들의 폭풍 공감을 일으켰다. 팔로워 수가 2주 만에 폭발적으로 증가했고 상담 요청이 쏟아졌다. 어떻게 보면 별거 아니라며 지나칠 수 있는 것을 강빈맘은 특별한 콘텐츠로 만들어낸 것이다.

수많은 사례 제보가 들어왔고 상담했던 이야기를 묶은 것이 책으로까지

247

나온 것이다. 나 역시도 책을 읽으면서 모임에서 느꼈던 공감되는 부분이 많았다. 책에 나온 카톡 방 예시들이 실화여서 그런지, 너무나도 현실적이어서 내가 실제로 그 무리 안에 있는 것처럼 느껴질 지경이었다.

이처럼 별거 아니라고 생각할 수 있는 것을 조금만 틀어서 바라보면 생각보다 큰 변화를 가져다주기도 한다. 나도 우리 아이가 스티커를 좋아한다고 사다 주기만 했다면 다이소 VIP가 되었을지언정, 지금의 '라미웨이'는 없었을 것이다. 스티커를 만들어보자는 단순한 사고의 전환이 나의 삶을 이렇게까지 바꿀 줄은 몰랐다. 이런 경험을 겪고 세상을 바라보니 세상엔 별거 아닌 게 없다는 것을 느낀다. 모든 것이 소재투성이다. 빵이 유독 맛있는 날엔 빵을 그려서 스티커 도안을 만들고, 파우치가 필요할 땐 파우치 제작 업체를 찾아보았다. 정말 주변에 사소한 것들이 사업 아이템이 되었다.

처음부터 웅장하고 거창하게 시작되는 것은 없다. 이것저것 하다가 얻어걸리기도 하며 가벼운 마음으로 시작한 것이 치열한 노력과 만나서 잘 되는 때도 있다. 공부하는 과정을 블로그에 기록하는 사람부터 카페나 도서관의 소리를 담아서 ASMR 영상으로 제작하는 사람, 중년층이 자식에게 자주 물어보는 내용으로 콘텐츠를 만드는 사람 등 놀라울 만큼 별거 아닌 것을 재탄생시켜서 수익화로 연결한다. 심지어 제철 음식으로 식단을 짜

육퇴 후, 방구석 문방구 오픈합니다

고, 그 식단 계획표를 판매하는 사람도 있다. 사람들이 귀찮아하는 일을 시원하게 긁어줌으로써 하나의 판매 아이템으로 발전시킨 것이다.

포장하는 것도 별거 아니지만, 하나의 콘텐츠로 탄생시킬 수 있다. 포장하는 과정을 보여줌으로써 고객은 타인의 장바구니를 구경하는 재미를 느끼게 된다. 판매자는 영상에 제품을 노출함으로써 제품 홍보를 자연스럽게 할 수 있다. 포장 과정을 촬영한 것이기에 누락된 제품은 없는지 확인하기도 좋다. 소리 녹음까지 깔끔하게 한다면 ASMR 영상으로도 활용할 수 있다.

지금 이 순간에도 무심하게 지나친 것들이 있을지도 모른다. 별거 아닌 것을 특별함으로 바꾸는 데는 어떻게 의미를 부여하는지에 따라 다르다. 별거 없음을 별거 있는 것으로 전환하려면, 무엇보다 긍정적인 사고와 관점이 깔려 있어야 한다. 무엇이든 부정적으로 본다면 가치 있는 것도 도망간다. 무심코 별거 아니라며 그냥 지나치는 것이 있진 않은지 생각해 보자.

5장　화려하진 않아도, 나는 오늘도 도전합니다

사업 아이템은 일상생활에서 찾아보자

육퇴 후, 방구석 문방구 오픈합니다

꿈과 현실은
어쩌면 종이 한 장 차이

창업하기 전의 나는 아이를 픽업하기 전에 아이패드를 가지고 자주 카페에 들렀다. 그림을 그리면서 잠시나마 나만을 위한 시간을 가졌다. 그림을 완성하면 오늘은 이거라도 했다는 뿌듯함과 안도감이 동시에 들었다. 카페에 있는 사람들을 둘러보면 수다 떠는 사람들, 열심히 타자 치는 사람들, 정신없는 카페 직원들…. 다양한 사람들이 각자 할 일로 분주했다.

'저 사람들은 무슨 일을 하는 걸까? 난 그냥 취미로 그림을 그리는 건데…. 남들은 내가 일하는 것처럼 보일까?' 하며 잡생각이 들었다. 남들이 무슨 일을 하는진 모르겠지만 카페에서 일하는 모습이 왠지 부러웠다. 부럽다 못해, 낙서 수준으로 그림을 그리고 있는 내가 초라한 느낌까지 들었다.

물론 육아와 가정을 위해 열심히 뒷바라지하는 것도 엄청난 가치가 있는 일인 것을 안다. 하지만 살림과 육아라는 것이 잘한다고 해서 누가 나에게 월급을 주진 않는다. 잘하면 당연한 거고 못 하면 가정에 소홀한 한심한 사람이 되어 버리고 만다. 잘해야 겨우 본전인 역할이 왠지 억울했다. 일하는 엄마가 되기 위한 꿈을 꾸기 시작한 것이 그때부터였던 것 같다. 내 힘으로 한 푼이라도 벌 수 있다면 이 공허함이 해결될 것 같은 느낌이었다.

다양한 직업이 있는 요즘 세상에 내가 할 수 있는 일 하나쯤은 있으리라 생각했다. 육퇴하고 할 수 있는 일이면서 아이가 아프더라도 내 마음대로 시간을 조율하려면 내가 사장이 되는 수밖에 없었다. 이런 현실 속에서 사업을 한다는 것에 대한 두려움과 지독히도 싸워야 했다.

"내가 잘할 수 있을까…? 나 때문에 우리 가족 다 망하면 어떡해…."

사업을 하기로 마음을 먹었지만 오만 가지 걱정을 하며 잠 못 이루던 때가 떠오른다. 지금 생각하면 무엇이 그렇게 무서웠는지 사업에 실패하면 세상이 멸망이라도 할 것처럼 온갖 망상이 나를 괴롭혔다.

"꿈을 이루는 것을 불가능하게 만드는 유일한 한 가지가 있다. 바로 실패에 대한 두려움이다."
- 파울로 코엘료

그의 말처럼 실패할까 봐 두려웠고 이 마음이 오래될수록 위축되었다. 이런 두려움의 끝은 아무것도 하지 못한 무기력감만 남아있을 뿐이었다.

육퇴 후, 방구석 문방구 오픈합니다

사업에 실패해서 집 여기저기에 빨간딱지가 붙고 채권자들한테 쫓기는 이상한 상상도 했더랬다. 사업이라면 엄청난 대출을 끼고 시작해야만 하는 줄 알았던 나의 무지에서 나온 것이었다. 애초에 무리한 대출을 받을 깜냥도 없었는데 말이다. (내가 원하는 대로 은행에서 빌려주지도 않는다.)

그렇게 막연한 두려움에 현실에 안주하려고 하기도 했다. '그냥 살림이나 하고, 아이 뒷바라지만 하면서 살까?'라고 생각하면, 이 또한 내가 원하는 삶이 아니었다. 마음이 왔다 갔다 복잡했지만 내 꿈을 이루기 위해서라면 무엇이라도 도전해야 함은 분명했다. 꿈만 꾸어서는 답이 안 나왔다. 로또 당첨을 꿈꾸더라도 그저 신께 기도하는 것만으로는 안 된다. 적어도 로또를 구매하고 당첨 번호를 확인하는 것까지는 해야 한다.

도전하려고 해도 두려움이 막을 때면 "아무것도 하지 않으면, 아무 일도 일어나지 않는다."란 말을 계속 되뇌며 마인드를 바꾸려고 노력했다. 그러다 보니 이제는 '뭐라도 일단 해 보기나 하자.'로 바뀌었다. '내가 잘하는 게 하나쯤은 있겠지.'라면서 말이다.

꿈을 꾸는 동안에도 시간은 흘러간다. 나의 꿈을 현실로 이루어낼 수 있을지는 나에게 달려 있다. 그것이 당장 이루어지지 않는다고 하더라도 우리가 꿈을 꾸는 이상 머릿속에선 방법을 계속 찾을 것이다. 꿈을 그리는 사람은 그 꿈을 닮아가기 마련이다. 꿈이 낯설지가 않고 점점 현실이 된다.

5장 화려하진 않아도, 나는 오늘도 도전합니다

몇 년 후, 내 꿈은 정말 이루어졌다. 카페에서 취미로 그림을 그리는 것이 아닌 진짜 내 업무를 하고 있다. 그저 부러워만 했고 꿈같은 일이라고 생각한 것이 실제로 이루어진 것이다. 카페에 있는 사람들의 웅성거리는 소리 속에서 집중해서 일하다 보면 나만 다른 차원에 있는 느낌이 들 때가 있다.

가끔은 지금 이 순간이 현실인지 꿈인지 믿기지 않는다. 허황된 꿈이라고 생각했던 것을 행동으로 옮겼을 뿐인데 꿈이 현실이 되는 것은 의외로 오래 걸리지 않았다. 기분이 묘하다. 걱정과 두려움을 모른 척하고 **나는 그저 하고 싶은 일을 '실행'한 것밖에 없었다.** 두려움에 그동안 얼마나 많은 꿈을 놓쳤을지…. 더는 후회하고 싶지 않다. 꿈과 현실은 정말 종이 한 장 차이였다.

육퇴 후, 방구석 문방구 오픈합니다

서툴러도, 나답게

매일 시행착오를 겪고, 오늘도 수많은 선택 앞에서 고민합니다. 발주한 상품이 원하는 대로 나오지 않으면 힘이 들기도 합니다. 하지만 완벽하지 않아도, 멈추지 않고 나아가고 있다는 사실이 지금의 저를 지탱해 줍니다.

매일 아이를 돌보며 틈틈이 작업하고, 육퇴 후 일하던 시간들이 쌓여 지금의 〈라미웨이〉를 만들었습니다. 누군가는 작다고 말할 수 있는 일이 제겐 세상에서 가장 큰 도전이었고, 가장 기쁜 성장이었습니다.

나는 할 수 없을 거라고, 내가 시작해도 되냐고 스스로를 의심했던 그 모든 날들에 "괜찮아, 해봐도 돼."라고 말해주고 싶습니다. 그리고 그 말을 지금 이 책을 펼친 당신에게도 조심스레 건네고 싶습니다.

저는 여전히 배워가는 중입니다.

이 여정에 함께해 주신 모든 분들께 감사드리며, 저는 저만의 방식으로 '라미웨이'라는 길을 계속 걸어가 보려 합니다. 이 책을 통해 누군가가 한 발짝 내디딜 용기를 얻었다면 그걸로 충분합니다.

더불어, 당신이 낸 용기 있는 한 걸음이 누군가의 환한 빛이 되기를 바랍니다.

육퇴 후, 방구석 문방구 오픈합니다